LA COCINA DE SUS ARTERIAS

Prof
Jean-Noël Fabiani
Miembro de la Academia de Cirugía
Profesor de la Universidad Paris VI
Cirujano

Bernard
Pacaud
Jefe de «L'Ambroisie»
*** Michelin

LA COCINA DE SUS ARTERIAS

A pesar de haber puesto el máximo cuidado en la redacción de esta obra, el autor o el editor no pueden en modo alguno responsabilizarse por las informaciones (fórmulas, recetas, técnicas, etc.) vertidas en el texto. Se aconseja, en el caso de problemas específicos —a menudo únicos— de cada lector en particular, que se consulte con una persona cualificada para obtener las informaciones más completas, más exactas y lo más actualizadas posible. EDITORIAL DE VECCHI, S. A. U.

Obra publicada bajo la dirección de Claude Lebey.

Agradecemos su aportación a todos aquellos que, con sus consejos, relectura o ayuda, nos han permitido realizar este libro: Patricia Bosli, el profesor Alain Carpentier, la Doctora Catherine Chardigny, el Doctor Éric Chemla, el profesor Alain Deloche, Pierre Fabiani y Alain Minc, así como al Doctor Cointreau sin el cual este libro no habría sido posible.

© Editorial De Vecchi, S. A. 2019
© [2019] Confidential Concepts International Ltd., Ireland
Subsidiary company of Confidential Concepts Inc, USA
ISBN: 978-1-64461-472-3

El Código Penal vigente dispone: «Será castigado con la pena de prisión de seis meses a dos años o de multa de seis a veinticuatro meses quien, con ánimo de lucro y en perjuicio de tercero, reproduzca, plagie, distribuya o comunique públicamente, en todo o en parte, una obra literaria, artística o científica, o su transformación, interpretación o ejecución artística fijada en cualquier tipo de soporte o comunicada a través de cualquier medio, sin la autorización de los titulares de los correspondientes derechos de propiedad intelectual o de sus cesionarios. La misma pena se impondrá a quien intencionadamente importe, exporte o almacene ejemplares de dichas obras o producciones o ejecuciones sin la referida autorización». (Artículo 270)

Índice

Prólogo 9

I. Los dos enemigos: arterias y colesterol 11
Enfermedad de los vasos sanguíneos: la enfermedad de nuestra civilización 13
La aterosclerosis o enfermedad de las arterias: extensión de los daños. 15
Un problema de tuberías 23
Factores de riesgo de la aterosclerosis 25
El colesterol, principal factor de riesgo de la aterosclerosis 28
¿El tabaco es nocivo? 32
Vivir sin estrés 34
¡Movámonos! 35
¿Y nuestros cromosomas? 38
¿Las mujeres están protegidas? 39
Las enfermedades cómplice 39
¿Cómo prevenir la aterosclerosis? 44

II. Comprender la nutrición 47
Hay que comer para vivir 49
Cocinar para sus arterias: los principios básicos 52
¿De qué se componen los alimentos? 53
Los azúcares o glúcidos 55
Los prótidos o materias nitrogenadas 58
Los lípidos o grasas 59
Las vitaminas 65
Los oligoelementos 69
El agua 70

III. Cocinar para sus arterias 73
Consejos para la cocción 75
Dos viejos enemigos: el aceite y la mantequilla 78

Fabricar su aceite aromatizado	84
La margarina: «como la perla»	86
Los huevos	87
La sal	89
El pan y los cereales	92
La leche y los productos lácteos	96
¿Qué pensar de las conservas y los congelados?	100
Las salsas	104
Las verduras, hortalizas y legumbres	115
Los entremeses y los entrantes	116
Los pescados, el marisco y los crustáceos	128
Las carnes	141
Los postres	156
El vino	171
El café	174
El desayuno: ¿americano o continental?	175
Las comidas de negocios	176

Conclusión: ¡ánimo! 179

Anexos

1. Tabla de contenido en grasas y en colesterol de los alimentos	181
2. Mecanismo de oclusión de una arteria coronaria	184
3. La vida de la arteria normal	185
4. La progresión de la aterosclerosis	186
5. El circuito del colesterol en el organismo	189
6. El tratamiento médico y quirúrgico de la aterosclerosis	190
7. Tabla de la relación ideal peso-altura	197

Bibliografía 199

Índice de recetas 201

Prólogo

Este libro no es de medicina ni un complejo tratado de dietética. Tampoco es un libro de cocina. Más bien pretende ser una reflexión sobre la relación entre una de nuestras actividades fundamentales, la alimentación, y la enfermedad más frecuente en nuestra civilización, la de las arterias o aterosclerosis.

No hay cosa más delicada que modificar el comportamiento alimentario de una población, sobre todo cuando esta se enorgullece, y con razón, de poseer una de las cocinas más sabrosas del mundo, cuyas recetas se transmiten de padres a hijos de generación en generación. Sin embargo, imperceptiblemente, nuestra alimentación se modifica. El pan integral, alimento básico de nuestros antepasados en los siglos precedentes, se vuelve más blanco y se reduce a la porción congrua, destronado por una avalancha de carnes, azúcares y materias grasas. ¡Civilización más rica, alimentación de señores! Las comidas de todos los días ya no son la pausa regular del trabajador que mastica noble y tranquilamente, sino el rescate obligado que le concedemos al hambre cuando tragamos de pie comidas preparadas durante los minutos libres que tenemos en esos horarios tan sobrecargados.

Lo más triste de estas nuevas costumbres es que, con el transcurso de los años, nos arriesgamos a favorecer la aparición del ateroma, una de las enfermedades que provoca más muertes en los países occidentales, y perdemos de esta manera una herencia que en su base es excelente, ya que nuestra cocina puede ser equilibrada y variada, perfecta para aquellos que quieran adaptarla un poco a la dietética moderna.

Este libro no sólo se dirige a aquellos que han estado enfermos, han recibido tratamiento y desean parar la evolución de la enfermedad, sino sobre todo a todos nosotros, que estamos en situación de riesgo y pensamos que la prevención es posible, fácil y sobre todo agradable. No hablemos de dieta, ¡todos sabemos que están hechas para saltárselas! De todas maneras, no podemos estar a dieta durante toda la vida... Así que hablemos de cocina, pero después de haber reflexionado sobre lo que comemos.

Nuestro objetivo es explicar de la manera más sencilla posible cómo la comida puede hacer que enfermen nuestras arterias y cómo podemos prepararla de la manera más sabrosa posible, evitando ciertos platos. Así, el famoso colesterol descenderá y también lo hará nuestro peso, que se habrá desembarazado de ciertas grasas inútiles y superfluas.

I

LOS DOS ENEMIGOS: ARTERIAS Y COLESTEROL

Enfermedad de los vasos sanguíneos: la enfermedad de nuestra civilización

Domingo, 20.30 h, hospital Broussais de París. Una ambulancia del servicio de urgencias acaba de trasladar a un hombre de 55 años a reanimación cardiológica. Desde hace dos horas tiene un dolor atroz en el pecho. En el electrocardiograma que le han practicado en su domicilio el diagnóstico es evidente: infarto de miocardio. Inmediatamente, los médicos de reanimación inyectan en sus venas un producto para intentar disolver el coágulo de sangre que obstruye una de las arterias del corazón. Gracias a la rapidez de esta acción quizá se pueda evitar el infarto, o por lo menos limitarlo. Pero tendrá que estar controlado durante varios días en la unidad de cuidados intensivos; habrá que hacerle exámenes médicos especializados, como por ejemplo una gammagrafía (inyección de isótopos) y una arteriografía coronaria (radiografía de las arterias coronarias).

Fibrinólisis, choque eléctrico, derivaciones, trasplante cardiaco, infarto de miocardio... Tantas palabras que escapan cada vez más de la jerga médica para pasar a llenar habitualmente los periódicos o ser las estrellas de nuestras televisiones: al Sr. X, periodista famoso, le acaban de hacer tres derivaciones en el hospital Y; la Sra. Z acaba de recibir un trasplante de corazón, había sufrido tres infartos, etc.

Pero, por desgracia, paralelamente a estos éxitos de las técnicas médicas, hay otra noticia: nuestro colega y amigo W acaba de morir de un ataque cardiaco. En España, un 35 % de las muertes que se producen al año se deben a enfermedades cardiovasculares.

Esta plaga se debe a una enfermedad general: la *aterosclerosis* o *ateroma*, que puede afectar a todas las arterias del organismo creando un depósito formado sobre todo por *colesterol*.

En este caso no hay ningún microbio virulento o contagioso que pueda causar una epidemia, no hay mutaciones misteriosas que vuelvan locas a las células de un cáncer, sino que, en gran parte, somos nosotros mismos quienes inoculamos esta enfermedad. Es la enfermedad de nuestro estilo de vida, en la que, entre otros factores, la alimentación, el tabaco, el estrés y el sedentarismo tienen un papel preponderante.

No tiene un infarto quien quiere. Las tribus subalimentadas de la región de Sahel no sufren aterosclerosis, igual que los esquimales, que sólo se alimentan del mar... En tres cuartas partes del planeta, con población subalimentada, no existe esta dolencia, ¡ya tienen bastante con otras más dramáticas aún!

En resumen, la alteración de las arterias es una enfermedad de ricos, que viven mal, comen mal y no se benefician completamente de la extraordinaria suerte de vivir en un país occidental.

El *Homo sapiens* nació y sobrevivió en condiciones de vida extremadamente duras. Después de la caverna y la batalla por el fuego, el entorno cambió mucho para algunos de esta especie, ¡pero no su metabolismo! Ciertas emociones siguen haciendo que los humanos segreguen hormonas que predisponen a la defensa, al combate y al ejercicio físico; la insulina sigue permitiendo que el hombre guarde reservas en previsión de un ayuno prolongado; el instinto de conservación le permite asegurar la reproducción de su especie y la protección eficaz de los más jóvenes. Desde que la vida ya no es tan ruda y la continuidad de la raza o la supervivencia cotidiana del individuo ya no están permanentemente en peligro, el *Homo sapiens*, fénix de la ramificación de los vertebrados, se extiende por la superficie de la tierra ¡y luego engorda demasiado y se le estrechan las arterias!

La aterosclerosis o enfermedad de las arterias: extensión de los daños

La aterosclerosis es la enfermedad de las arterias; provoca un sedimento en los conductos que salen del corazón y se dirigen a los tejidos. De hecho, sobre todo perjudica a las arterias más grandes: la aorta, que procede del corazón; las carótidas, que se dirigen al cerebro; la mesentérica, que va hacia el intestino; las renales, con destino a los riñones; las ilíacas y las femorales, que alimentan a los miembros inferiores. Entre las arterias de calibre medio hay un lugar que atrae al ateroma más que cualquier otro del organismo: se trata de las *arterias coronarias* que irrigan el corazón.

El corazón

El corazón es un músculo que bombea de 5 a 6 litros de sangre por minuto con unos 70 latidos. En el transcurso de la vida de un hombre, nunca para, y bombea cada año 3 millones de litros de sangre oxigenada hacia el conjunto de nuestros órganos, con una red de 100.000 kilómetros de conductos de todos los calibres.

Este trabajo considerable se puede realizar gracias a una fábrica química indispensable: la célula miocárdica,[1] que transforma las sustancias energéticas aportadas por la alimentación en energía de contracción, gracias al oxígeno que respiramos. Así, el corazón necesita constantemente (porque late constantemente) una aportación suficiente de sangre que contenga elementos energéticos y oxígeno. Esta sangre va a parar al músculo cardiaco mediante pequeñas arterias (de 1 a 2 mm de diámetro), las coronarias. Estas arterias coronarias (que son tres: la interventricular anterior, la coronaria derecha y la circunfleja) en ocasiones pueden transportar sedimentos de aterosclerosis que las obstruyen en mayor o menor medida, lo que puede ocasionar la enfermedad coronaria.

La enfermedad coronaria es, sin duda, una de las estrellas de la medicina de nuestro tiempo: en España, por ejemplo (lejos de ser el país más afectado en el mundo), las enfermedades coronarias representan el 30 % de las enfermedades cardiovasculares. Esta enfermedad es la causante del 25 % de la mortalidad total en el mundo occidental y representa la primera causa de muerte, por delante del cáncer y los accidentes de tráfico, y muy por delante del sida.

---

1. Miocardio: músculo del corazón.

Algunas cifras:

— Aproximadamente 70.000 personas al año sufren infartos de miocardio en España, de las cuales casi la mitad son mayores de 74 años;
— alrededor de un 90% de los casos de muerte súbita se presenta en personas afectadas por cardiopatías;
— se estima que la enfermedad coronaria aguda será la primera causa de muerte en todo el mundo en el año 2020.

¿Cómo se presenta esta epidemia del corazón?

Sin duda hay pocas enfermedades que puedan presentarse de tantas maneras y que puedan generar tantos errores. Por ejemplo, no se puede establecer una relación de proporcionalidad entre los dolores que el enfermo padece y el grado de afectación de los vasos sanguíneos. Y precisamente ahí radica la dificultad del tratamiento preventivo. Expongamos los aspectos clínicos más típicos:

Infarto de miocardio. Es lo que se suele denominar «crisis cardiaca». Todo empieza con un dolor espantoso en el pecho que se irradia hacia la mandíbula y los brazos. El diagnóstico se lleva a cabo rápidamente con un simple electrocardiograma y se confirma con algunas pruebas sanguíneas.

El infarto es el resultado de la completa obstrucción de una arteria coronaria por un coágulo de sangre (trombosis). Una porción del músculo cardiaco queda privada de sangre porque el flujo en la arteria que lo alimentaba se ha interrumpido. Privadas de oxígeno y de aportación energética, las células de este territorio miocárdico, asfixiadas, ya no pueden contraerse y acaban muriendo en algunos minutos.

¿El infarto es un suceso grave? Sin lugar a dudas, sí. De hecho, su gravedad y pronóstico dependen de su extensión: cuanto más grande es la arteria taponada, mayor es el territorio que irriga y, por lo tanto, la intensidad del infarto también será mayor. Sabemos que un infarto considerable que impida que una gran parte del corazón se contraiga puede ser muy

grave, incluso mortal (del 10 al 20 % de los infartos provoca la muerte durante la primera semana). Sin embargo, también sabemos que un infarto insignificante podría provocar sólo pequeñas molestias o incluso pasar desapercibido. En efecto, la herida infligida al corazón por la asfixia de las células cicatrizará como cualquier otra herida, y la única secuela de lo que haya ocurrido será una zona reducida que ya no se contraerá más. En el primer caso, el infarto (de mayor intensidad) podría provocar la muerte súbita.

Muerte súbita. El cigarrillo aún humea sobre la mesa de trabajo donde el Sr. X, hombre de negocios aparentemente en plena forma, acaba de desplomarse sobre los contratos que estaba releyendo... Sí, claro, había sentido alguna pequeña molestia en el pecho el año anterior, pero nada lo suficientemente considerable como para preocuparse... Y claro que llevaba una vida trepidante, con numerosos viajes, comidas de negocios... ¡Y desde luego que fumaba dos paquetes de cigarrillos al día! Pero, ¿quién habría podido prever una muerte tan fulminante si estaba en plena juventud? Sin embargo, algunas pruebas habrían permitido diagnosticar la enfermedad que se le iba instalando insidiosamente.

¿Por qué una muerte tan repentina y cruel, sin remedio posible en este caso? Porque la arteria obstruida es muy grande y, por lo tanto, irriga un territorio muy extenso, cuya asfixia provoca la parada del corazón, o bien porque la oclusión de la arteria desencadena un problema de ritmo: ¡el corazón ya no puede contraerse porque la electricidad con la que se produce el ritmo está deteriorada debido a la asfixia de las células que concretamente tienen a cargo este ritmo!

Angina de pecho. La angina de pecho es el síntoma de alarma de la enfermedad coronaria. Normalmente sobreviene cuando se produce un estrechamiento importante (estenosis) de una o varias arterias. En efecto, habitualmente, cuando la arteria se encoge un 70 %, la sangre circula aún en cantidad suficiente mientras el sujeto está en reposo y el corazón late normalmente a 70-80 pulsaciones por minuto. Si se realiza un esfuerzo, en principio considerable (una carrera o un partido de tenis, por ejemplo), y luego menos importante (caminar), la cantidad de sangre que vasculariza el miocardio no puede aumentar más como consecuencia de esta estenosis; entonces, las células se asfixian (isquemia) y aparece un dolor en el pecho. Pero, lo que es muy importante, este dolor cesa si se deja de hacer esfuerzo, porque disminuye la necesidad de oxígeno del miocardio. Ante estos síntomas hay que realizar pruebas para establecer un diagnóstico preciso. Cabe subrayar que el simple electrocardiograma de reposo podría ser normal porque, como acabamos de ver, el corazón no sufre en estas condiciones. En cambio, en la mayoría de casos, el electrocardiograma de esfuerzo permitirá descubrir anomalías características, que llevarán a investigaciones más concretas.

La angina de pecho puede agravarse; puede pasar de producirse con el esfuerzo a producirse durante el reposo, a menudo matinal, o puede sobrevenir con el frío, cuando hay viento...

A veces puede perdurar y llegar a convertirse en un verdadero síntoma de amenaza de infarto de miocardio.

De hecho, no hay nada más delicado que relacionar las señales clínicas que acabamos de ver con la gravedad de las lesiones anatómicas (estrechamiento de las arterias coronarias): hay numerosos *falsos coronarios* que tienen dolores sin lesión de las coronarias, y también hay muchos *silenciosos* que tienen lesiones pero no sienten ningún dolor.

En resumen, ¿cómo vigilar nuestro corazón? Si siente dolor en el pecho, sobre todo si aprieta, quema, o el dolor está relacionado con la realización de algún esfuerzo, consulte a un cardiólogo, que le practicará un electrocardiograma en reposo y pedirá otras pruebas en función del resultado.

Si no siente dolores en el pecho pero es un hombre mayor de 45 años con factores de riesgo (consumo de tabaco, colesterol, herencia genética, etc.), es conveniente que su médico le practique un electrocardiograma de esfuerzo.

El cerebro

El cerebro es sin duda el órgano más preciado del hombre. Está compuesto por 15 millardos de células (las neuronas) que no se regeneran en el transcurso de la vida (al contrario que las células de otros órganos) y su buen funcionamiento asegura tanto nuestra vida vegetativa como nuestra vida consciente e intelectual. En resumen, este director de orquesta de nuestro organismo está formado por vasos sanguíneos, como todos los órganos; pero, como todo señor, tiene sus caprichos, y este es especialmente glotón.

A saber:

— 4 arterias para alimentarlo, las dos carótidas y las dos vertebrales;
— 66 litros de oxígeno por día, es decir, un 20 % de la respiración;
— 1,5 litros de sangre por minuto, con una presión constante regulada por dos pequeños manómetros situados en las arterias carótidas;

—tiene una incapacidad absoluta para funcionar sin sangre durante más de unos minutos, con el riesgo de que se produzcan lesiones definitivas o la muerte.

Así, podemos comprender que en un órgano tan sensible a la disminución de perfusión sanguínea, la aterosclerosis puede provocar problemas espectaculares. Allí, el sedimento de colesterol se sitúa en un lugar muy concreto de la arteria: aquel en el que se divide, cerca del ángulo de la mandíbula, en el cuello, en la carótida externa y carótida interna. Esto ocasionará lesiones cerebrales, ya sea estrechando progresivamente la arteria, lo que afecta al flujo cerebral, ya sea provocando embolias, lo cual sucede con mayor frecuencia.

Embolia. Un pequeño fragmento de la placa de colesterol se despega, va a parar al flujo sanguíneo y fluye por las arterias hasta llegar al cerebro o a los ojos (véanse anexos 2 y 4). ¿Por qué la embolia es especialmente peligrosa? Porque las arterias, que en un principio son gruesos tubos, se distribuyen hacia el exterior en tubitos cada vez más finos, hasta que su diámetro se reduce a algunas micras. Así, una embolia, sea cual sea su magnitud, acaba siempre bloqueando una arteria, hasta entonces sana, e interrumpe de esta manera la circulación en el territorio que alimentaba.

Las consecuencias a veces son dramáticas: pérdida de la visión de un ojo o hemiplejia (es decir, imposibilidad de mover una mitad del cuerpo), a veces afasia (imposibilidad de hablar) o problemas sensitivos.

Las consecuencias de la aterosclerosis en el cerebro son considerables: en Francia, por poner un ejemplo, esta enfermedad es la causa de 60.000 muertes al año, y en la mayoría de los casos (hemiplejia) ocasiona deficiencias graves.

Los riñones

En las arterias que van a los riñones también puede ubicarse un sedimento ateromatoso. Aquí el riesgo es más insidioso. Por supuesto, si se taponan progresivamente pueden provocar un mal funcionamiento del riñón debido a la mala vascularización; pero este proceso es relativamente lento, y en general va precedido de un síntoma de una gran banalidad: *la hipertensión arterial.*

¿Por qué la obstrucción de las arterias renales provoca hipertensión arterial? Porque el riñón, cuando no recibe suficiente sangre, segrega una hormona: la renina, que hace que aumente la presión arterial, lo cual se puede detectar con cualquier buen tensiómetro de brazo.

Si no se descubre inmediatamente, el aumento de la presión arterial puede favorecer que se produzcan daños considerables al someter a nuestros preciados tubos a dificultades mecánicas importantes.

Así, la hipertensión arterial es uno de los principales factores de riesgo de la aterosclerosis.

Podemos comprender que se establezca entonces un círculo vicioso que acelera la enfermedad, ya que una lesión de la arteria renal favorecerá y acelerará las lesiones en el resto de las arterias del cuerpo y, por supuesto, en ella misma.

Podemos reconocer fácilmente la hipertensión. Además, en la actualidad es posible averiguar si la hipertensión arterial es de origen renal (hay muchas otras causas), y si lo es, podemos administrar el tratamiento adecuado.

Los miembros inferiores

Las piernas también... Todas las arterias del organismo pueden estar afectadas, sobre todo las más grandes. ¡Y la aorta abdominal no es una excepción!

¿Cuál es su territorio? Los miembros inferiores y el bajo vientre. Las consecuencias a veces son dramáticas: se trata de *la arteritis de miembros inferiores.*

Las arterias se ven más afectadas al principio, limitando moderadamente el flujo sanguíneo y provocando únicamente un dolor en la pantorrilla, por ejemplo, tras una larga caminata... Después se estrechan, y también disminuye la tolerancia al esfuerzo. Más tarde se taponan, provocando un dolor atroz incluso en reposo, obligando incluso al enfermo a dormir con las piernas en alto. Por último, aparece la gangrena, el pie se ennegrece y se impone la amputación. En los hombres, otro síntoma que suele acompañar a la arteritis es la impotencia, como consecuencia de la obstrucción de las arterias hipogástricas (arterias del bajo vientre).

En resumen, esta fastidiosa enumeración de las enfermedades relacionadas con la aterosclerosis sólo sirve para demostrar que la afección es generalizada, que todos los órganos se pueden ver afectados, y que esta enfermedad es muy grave y está muy extendida. Los médicos hacen lo que pueden para realizar el diagnóstico cada vez más temprano, con pruebas cada vez menos dolorosas. Además, con el tiempo se consiguen fármacos más eficaces para luchar contra esta enfermedad y sus consecuencias, a no ser que se detecte demasiado tarde. También es posible, mediante intervención quirúrgica, dilatar o reemplazar las arterias taponadas por prótesis de material sintético o por una vena permeable... (véase anexo 6).

Como todos sabemos, ¡más vale prevenir que curar! Y prevenir es posible si se sabe de dónde procede el mal; pero, después de todo, ¿sabemos de dónde viene el ateroma? Hasta ahora hemos detallado las causas de esta enfermedad. Lo hemos señalado al comienzo: nuestro modo de vida y nuestra alimentación son las causas principales.

Un problema de tuberías

Para poner un claro ejemplo, podríamos explicar el ateroma como si se tratara de un problema de cañerías, como un grifo por donde sale agua con cal: con el tiempo, la cal se deposita en las paredes del tubo y acaba atascándolo.

En una primera aproximación, la comparación habla por sí sola: la sangre que contiene demasiado colesterol lo deposita en esos tubos, que son nuestras arterias, y estas acaban ocluyéndose. De hecho, en las arterias se produce actividad; la sangre es un líquido complejo, que transporta diferentes tipos de células, y si queremos comprender la realidad hay que ser más precisos.

La cicatrización de las arterias

La vida en nuestras arterias no es tan tranquila como pensamos: las células de la capa interna (endotelio) sufren permanentemente traumatismos relacionados con el flujo sanguíneo y su presión, que a veces las cizallan por completo, dejando al descubierto las capas más internas. Esto se produce todavía con mayor facilidad cuando hay alteraciones en el vaso sanguíneo (arteria de gran calibre sometida al impulso sistólico del corazón) que encontramos en una bifurcación o bien cuando el paciente presenta hipertensión, ya que en este caso el traumatismo es aún más violento.

Recientemente se ha descubierto el papel fundamental del colesterol LDL, que, en su forma oxidada, sería un factor importante que favorecería el traumatismo y sus consecuencias.

La arteria sana reacciona cicatrizando rápidamente la pequeña herida de su pared, del mismo modo que haría la piel con un rasguño, y fabrica de nuevo las células que faltan para restituir una arteria normal (véase anexo 3). La arteria afectada, por el contrario, cicatriza *acumulando células cargadas de colesterol*, que sobresalen un poco de la pared.

El ateroma empieza... (véase anexo 4). Este punto de grasa en la pared de la arteria es microscópico, pero es una llamada a la reincidencia; con el transcurso de los años, podrá ser el origen de muchos problemas.

Se necesitarían muchos libros como este para resumir todas las hipótesis y todos los experimentos que se han realizado para explicar el inicio del ateroma. Lo que es seguro es que las primeras manifestaciones de la enfermedad, cuando aún es asintomática, empiezan muy temprano en la vida. Así, durante la guerra de Corea, la autopsia sistemática de los jóvenes soldados americanos muertos en combate revelaba, en la mayoría de los casos, los primeros sedimentos de grasa en sus arterias, lo que hubiera provocado, si hubieran podido vivir, manifestaciones patológicas en la madurez.

Seamos honestos, sólo se trata de una teoría; se han elaborado otras muchas hipótesis que siguen manteniéndose: viral, inmunitaria... En realidad, las cosas son mucho más complejas de lo que pueda parecer en este resumen, y cada día, en cada nuevo experimento, se consiguen nuevas aportaciones que podrían poner en duda nuestros conocimientos. Sin embargo, de lo que estamos seguros en el momento actual es del papel de los factores de riesgo en el desarrollo de la enfermedad.

Factores de riesgo de la aterosclerosis

Si, ya lo hemos comentado, el *primum movens* de la aterosclerosis es todavía objeto de hipótesis y controversia; los elementos que favorecen la enfermedad, es decir, los factores de riesgo, han sido analizados a conciencia desde hace mucho tiempo mediante la observación cuidadosa del estilo de

vida de los pacientes y, recientemente, mediante el estudio científico de amplias poblaciones.

Así, la alimentación excesivamente rica, el tabaco, el estrés y el sedentarismo son los factores más peligrosos de nuestro entorno cotidiano. Pero es cierto que, aunque la asociación de todos estos factores hace aumentar el riesgo, pueden manifestarse de diferente manera según el terreno en el que se produzcan. Así pues, la herencia tiene un papel fundamental. ¡Todo el mundo puede citar el ejemplo de un comedor-fumador-estresado que llega orgullosamente a los 80 años o el de un súper-calmado-deportista que tiene un infarto a los 40! Cuestión de enzimas, diríamos, y por lo tanto cuestión de genética... Por último, no olvidemos las enfermedades cómplice de la aterosclerosis: le preparan el terreno y la favorecen. Las dos más frecuentes son la hipertensión y la diabetes.

Acumulación de factores de riesgo

Podemos intervenir en ciertos factores de riesgo. Así, nuestra herencia forma parte, hasta el momento por lo menos, de nosotros mismos, y hoy en

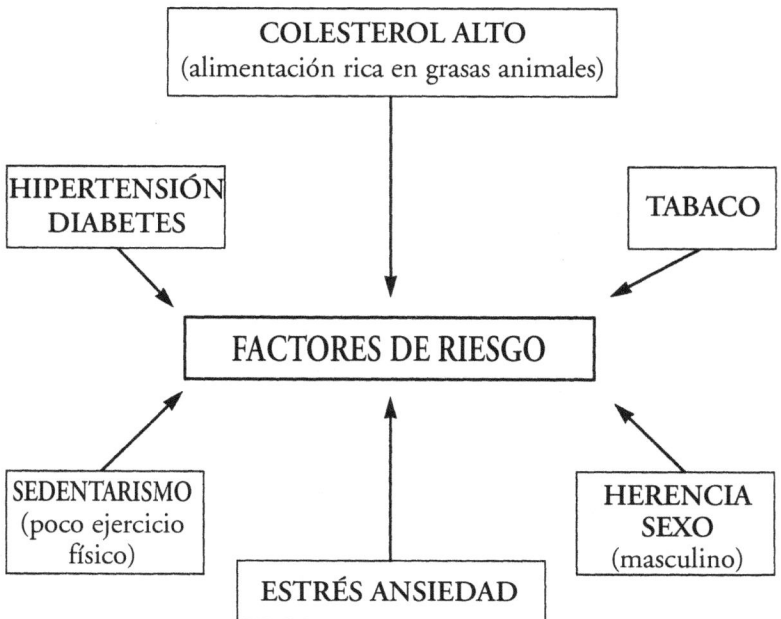

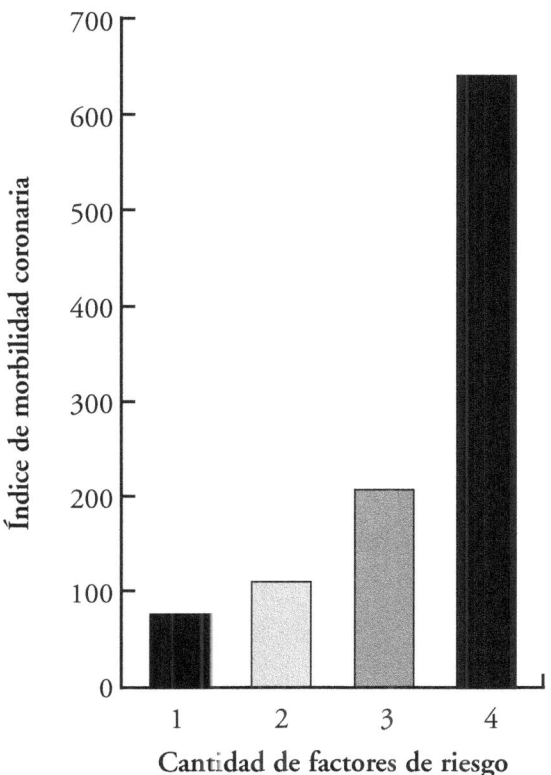

Este esquema muestra el riesgo de accidentes coronarios en función de la cantidad de factores de riesgo (colesterol > 2,5 g/l, hipertensión > 16 mmHg, tabaco > 20 cigarrillos al día). Comprobamos que la suma de factores no sólo aumenta el riesgo, sino que lo multiplica de manera exponencial.

día nuestros genes no pueden ser modificados. Quizás esto sea posible en el futuro...

Sin embargo, otros factores están bajo nuestra responsabilidad: podemos fumar o no, comer grasas animales o evitarlas, tratar nuestra hipertensión o no hacerlo.

Está claro que estos factores asociados multiplican los riesgos: en la gráfica anterior, extraída de un famoso estudio epidemiológico (el Framingham Study: 2.170 hombres de 30 a 59 años controlados durante 10 años), se indica el riesgo de morbilidad coronaria en función de la cantidad de factores de riesgo (colesterol superior a 2,5 g/l, hipertensión, tabaco). Se ha constatado que la adición de factores no sólo multiplica el riesgo, sino que lo hace de manera exponencial.

El colesterol, principal factor de riesgo de la aterosclerosis

El colesterol es un cuerpo graso y, por lo tanto, forma parte de la gran familia de los lípidos (véanse capítulo II y anexo 5). Es imprescindible para la vida, porque participa en la composición de las membranas de las células de nuestro cuerpo; es indispensable hasta tal punto que, si no lo aportase la alimentación, el organismo debería fabricarlo a partir de otros compuestos. De hecho, con el estilo de vida que llevamos, hay poco riesgo de que falte, porque lo contienen las grasas de origen animal que tanto nos gustan.

¿Existe realmente relación entre las concentraciones sanguíneas de colesterol y la aterosclerosis?

Todos los estudios epidemiológicos están de acuerdo: la tasa elevada de colesterol en la sangre es un factor de riesgo de ateroma y, por tanto, de aterosclerosis en el hombre adulto.

El valor normal tiene que estar entre 1,8 y 2,4 g/l de sangre. Se considera que hay peligro cuando estas cifras se superan. Por ejemplo, si el valor supera los 2,8 g, ¡el riesgo de infarto se multiplica por 4! Así, Finlandia es el país del mundo donde la aterosclerosis causa más estragos y también donde el colesterol sanguíneo por habitante es más elevado: 2,6 g/l. Otros países, por el contrario, tienen un colesterol inferior a 2 g/l; es el caso de Grecia, Creta, la antigua Yugoslavia y Japón: estos países padecen pocas patologías isquémicas.

De hecho, deberíamos adecuar nuestras actitudes en función de la edad y el sexo: así, los niños y adolescentes no deben recibir tratamiento, excepto en caso de hipercolesterolemia familiar; el mayor riesgo en los ancianos es el de desnutrición, antes que el de hipercolesterolemia, y hay que desconfiar de todas las dietas; por último, en las mujeres, la cifra de colesterol total no parece ser muy significativa y siempre tiene que ser interpretada en función de la relación con el colesterol HDL, es decir, el colesterol bueno.

¿El colesterol siempre es nocivo para las arterias?

El colesterol que comemos, por sí solo, no es ni bueno ni malo; en nuestro organismo, por el contrario, básicamente podemos distinguir un colesterol beneficioso (bueno) y uno nocivo (malo). Como el colesterol es un cuerpo graso, no es soluble en agua... ni en la sangre.

Para poder circular por ella y cumplir su cometido, tiene que estar ligado a lipoproteínas que lo transportan: unas, que llamamos ligeras o de baja densidad (LDL: *Low Density Lipoproteins*), lo transportan desde el hígado, donde la alimentación lo deposita, hasta las células del organismo que lo necesitan; las otras, que llamamos pesadas o de alta densidad (HDL: *High Density Lipoproteins*), liberan a las células del colesterol que no han utilizado, y lo transportan hacia el hígado, donde es eliminado (véase anexo 5).

Esquemáticamente podemos plantear que:

— *el colesterol LDL es el colesterol perjudicial, porque, en el caso de aportaciones alimenticias excesivas, inunda las células de grasas;*
— *el colesterol HDL es el beneficioso, porque hace la función de basurero y limpia nuestras células.*

Podemos valorar los dos tipos de colesterol por separado; la proporción ideal para un funcionamiento armonioso de nuestro metabolismo es un tercio de colesterol HDL por dos tercios de LDL. Con un índice de colesterol total equilibrado, los pacientes con una elevada proporción de LDL estarán en situación de riesgo. En cambio, algunos individuos, por herencia genética, tienen el colesterol HDL elevado: ¡estos no tendrán aterosclerosis! En la práctica habitual, se utiliza bastante la relación entre colesterol total y colesterol HDL, que debe ser inferior a 4,5. Cuando esta relación aumenta (por ejemplo, a 5,5 o a 6), se dice que la fórmula del suero estudiado es muy aterogénica. Si el colesterol HDL aumenta, la relación baja y la fórmula se vuelve menos aterogénica.

El control de colesterol sanguíneo:

— *hay que medirse regularmente el colesterol;*
— *los valores normales de colesterol se encuentran entre 1,8 y 2,4 g/l. Tam-*

bién se puede expresar en milimoles por litro: 2,4 g/l es igual a unos 6,19 mmol/l;
— es necesario realizar un análisis de las subfracciones de colesterol HDL y LDL para apreciar el riesgo de ateroma: la relación entre colesterol total y colesterol HDL tiene que ser inferior a 4,5;
— los valores obtenidos se tienen que interpretar en función de la edad y el sexo: el índice normal de colesterol aumenta con la edad: unos 2,4 g/l a los 40 años; 2,5 g/l a los 50; 2,6 a los 60, etc.

Las lesiones coronarias pueden remitir si se disminuye la tasa de colesterol

El estudio CLAS (Cholesterol-Lowering Atherosclerosis Study) incluyó a 162 hombres no fumadores, con edades comprendidas entre los 40 y los 59 años, a quienes se había practicado una operación de las coronarias

(puente) como mínimo tres meses antes de entrar en el estudio. Estos individuos presentaban una tasa de colesterol elevada, comprendida entre 1,85 y 3,5 g/l.

Un grupo de pacientes, elegidos de manera aleatoria, recibieron tratamiento farmacológico para mejorar el índice de colesterol. El otro grupo sólo recibió un placebo (médicamente inactivo). Dos años después se obtuvieron resultados muy significativos: el grupo que recibió tratamiento desarrolló menos nuevas lesiones coronarias, y en las radioscopias de las coronarias se observó que, sobre todo el ateroma presente al inicio del estudio, había remitido. También se demostró que los pacientes en los cuales había bajado más la tasa de colesterol tenían una evolución más favorable.

¿El tabaco es nocivo?

Todo el mundo lo sabe, aunque hay quien haga oídos sordos: el tabaco es nocivo para las arterias y se ha probado mil veces la relación que existe en-

tre la arteritis de los miembros inferiores o el infarto de miocardio y el consumo abusivo de tabaco.

Según las estadísticas, consumir más de 20 cigarrillos al día multiplica el riesgo de afección coronaria por 3,7 ¡y el riesgo de arteritis de los miembros inferiores por 38!

Parece ser que el hecho de haber empezado muy joven aumenta el riesgo y sobre todo la gravedad de la enfermedad, y que fumar en ayunas o después de un esfuerzo físico es particularmente peligroso.

De hecho, el tabaco aumenta la viscosidad de la sangre (lo que favorece los coágulos), y acapara del 8 al 10% de nuestro oxígeno sanguíneo saturando la hemoglobina. Favorece también el aumento del colesterol LDL, que, como hemos visto, aumenta el riesgo de ateroma. Y para finalizar, un detalle, es uno de los principales factores de cáncer de pulmón, que desde luego no tiene nada que ver con la aterosclerosis, pero que puede matar igual de eficazmente y en todo caso mucho más rápido...

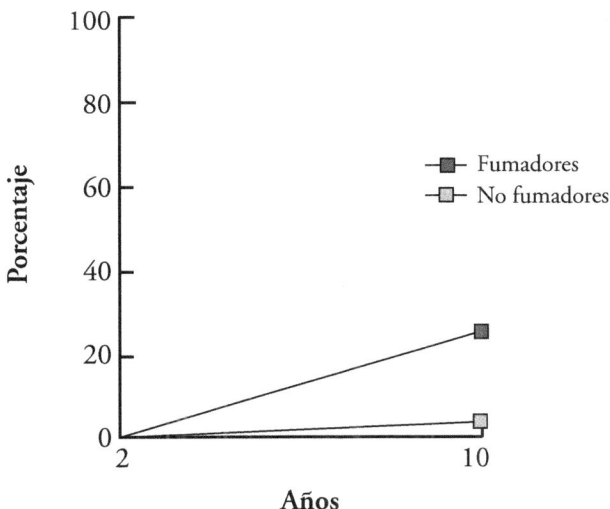

Accidentes cerebrovasculares en función del tabaquismo

Vivir sin estrés

Volvamos a la edad de las cavernas. El hombre de las tribus primitivas se ve sometido a numerosos peligros; la mayoría de las veces debe su salud a su fuerza o a su huida. Para responder a estas agresiones, el organismo libera una sustancia, *la adrenalina*, que acelera el corazón, aumenta la presión arterial y moviliza la glucosa necesaria para realizar un esfuerzo físico inmediato e intenso (enfrentarse a un mamut o luchar cuerpo a cuerpo con un enemigo); el esfuerzo posterior al estrés consume en cierta manera la energía movilizada y limita los efectos nocivos.

Nuestro estrés «civilizado» es también intenso: la vida en las ciudades, las películas violentas o la fluctuación del dólar producen siempre una secreción de adrenalina, pero a esta no le sigue un esfuerzo violento, sino que la agresión en parte se interioriza. Repetido, este estrés acaba por ocasionar hipertensión y espasmos arteriales que favorecen el ateroma.

Así, algunas de las profesiones particularmente expuestas a los infartos son: políticos, periodistas, cirujanos y ladrones que utilizan el método del tirón... ¡Los divorciados los padecen más a menudo que los casados, los ansiosos más que los tranquilos, los celosos más que los confiados! Más vale vivir en un pueblo de muchas tradiciones que en una gran ciudad si se quiere llegar a ser centenario. ¿Qué podemos hacer? Poca cosa: no podemos cambiar nuestro carácter, no elegimos nuestro lugar de nacimiento, no rechazamos un puesto de responsabilidad... Quizá, lo único que podemos hacer es compensar estos daños integrando en nuestras vidas estresadas el ejercicio físico.

¡Movámonos!

El deporte, sin duda, nunca ha estado tan de moda como ahora, nunca ha tenido tantos seguidores en masa y nunca ha sido tan practicado. El *footing*, el tenis, el golf, están en auge. Intuitivamente, todos nos persuadimos de que mover nuestro cuerpo es beneficioso para la salud. ¿Qué sucede en realidad?

Podemos afirmar que el ejercicio físico, practicado regularmente, aumenta el índice del colesterol bueno (HDL) en relación con el malo (LDL). Varios estudios epidemiológicos han demostrado que hay alrededor de dos veces menos de accidentes cardiacos en quienes practican deporte o realizan esfuerzo físico con regularidad que en las personas con hábitos sedentarios. ¿Es necesario apuntarse a un gimnasio y agotarse corriendo el maratón de París a los 50 años? Claro que no: no todos los deportes son buenos para el corazón, y antes de practicar uno, hay que asegurarse de que uno tiene las arterias en buen estado. Si no, el riesgo podría sobrepasar las posibilidades de un corazón del que ignoramos todo y acabar desplomándonos, alcanzados por un infarto masivo. Algunos deportes requieren un esfuerzo violento, producido en anaerobia, es decir, sin que el

oxígeno necesario para el esfuerzo esté inmediatamente disponible (por ejemplo, la halterofilia); a partir de la treintena hay que evitarlos.

En cambio, los deportes que requieren un esfuerzo poco intenso y prolongado son excelentes para la aterosclerosis. El más sencillo e indicado es caminar; también es el más fácil de practicar, no se necesita equipamiento ni inscribirse en un gimnasio. Hay otros deportes recomendables: ciclismo, golf, *footing* y natación. Por supuesto, aquí, como en todo, hay que ser razonables: ¡para mantenerse en forma no hace falta escalar los Alpes en bici, apuntarse a un maratón o nadar 100 metros en menos de un minuto! Dosificar las propias ambiciones, tomarse eventualmente el pulso y la tensión tras realizar un esfuerzo y saber cuál es el tiempo de recuperación necesario son precauciones indispensables después de los 35-40 años.

¿Y nuestros cromosomas?

La herencia es sin duda el factor de riesgo más importante de todos; es también aquel sobre el que es más difícil actuar. Como todos sabemos, nuestra herencia está grabada en cada una de nuestras células por los cromosomas, que constituyen un código que nos han transmitido nuestros padres. La función de este código es presidir la fabricación de enzimas que permiten todas las reacciones químicas del organismo. Así, cada uno tiene su mensaje, cada uno tiene sus enzimas. En algunos organismos servirán para eliminar las grasas, otros no las sintetizarán suficientemente, otros las fabricarán «perezosas». Está claro que existen familias sujetas a enfermedades arteriales.

Tomemos el ejemplo de una enfermedad hereditaria muy frecuente: *la hipercolesterolemia familiar*. En las familias afectadas, la tasa de colesterol en sangre es anormalmente elevada; así, el 90 % de los hombres afectados tiene un infarto antes de los 50 años, y en ciertas formas especialmente graves incluso los niños se pueden ver afectados. Goldstein y Brown (Premio Nobel de medicina en 1988) demostraron que esta enfermedad se debía a una anomalía de síntesis de la proteína transportadora del colesterol (LDL). La anomalía se encuentra en la parte de la proteína que permite que el colesterol penetre en la célula: la parte «clave», en cierta manera. Así, la parte que actúa como «cerradura» de la membrana celular no reconoce al colesterol LDL y este, no metabolizado, circula por la sangre y se acumula, lo que explica las grandes tasas circulantes, incluso en casos de ausencia de ingestión anormal.

La herencia o la parte de lo adquirido y lo innato

Paralelamente al carácter manifiestamente hereditario de una enfermedad como la hipercolesterolemia familiar, no es posible relacionar el ateroma que padece la mayoría de la población afectada con uno o diversos genes determinados. Por otra parte, es poco probable que un día seamos capaces de aislar el gen de la aterosclerosis.

En cambio, está claro que existen familias donde el ateroma es frecuente, incluso comunidades enteras donde la incidencia de la enfermedad es mayor (libaneses cristianos, canadienses franceses, finlandeses). Entonces, ¿deberíamos rechazar todos los factores hereditarios? Quien dice comunidad familiar o comunidad social se refiere también a costumbres comunes. Los niños de una familia en la que se consume carne grasa y apenas se practica deporte evidentemente tendrán más riesgo de padecer esta enfermedad que un agricultor del África negra. Sólo el sentido común nos permite separar lo que, por herencia, va a parar a los cromosomas y lo que tiene que ver con la educación. La hipertensión arterial parece ser un buen ejemplo, porque la transmisión genética es muy común; sin embargo, los

médicos están de acuerdo en no atribuirle más de un 40% de la causa de la enfermedad, ya que el resto está relacionado con factores del entorno.

No es menos cierto que, ante una misma situación genética, aquella persona que tenga menos factores de riesgo tendrá más posibilidades de evitar la aterosclerosis.

¿Las mujeres están protegidas?

«Sólo hay un sexo débil: el masculino...» Se puede afirmar que, hasta la menopausia, las mujeres están protegidas contra el ateroma, aunque después dejan de estarlo. Esto se debe a la función protectora que las hormonas femeninas ejercen sobre las arterias. Pero atención, si bien las hormonas naturales son protectoras, parece ser que las hormonas de síntesis (por ejemplo, los fármacos que no se administran en una sola dosis) pueden tener un efecto nocivo, que puede agravarse con el consumo de tabaco. De hecho, las mujeres se benefician de un colesterol HDL claramente más elevado que los hombres, y están protegidas por una relación de colesterol total sobre el HDL más favorable. Por lo tanto, hay que tener en cuenta que, sometiendo a una mujer menor de 50 años a un régimen pobre en lípidos o colesterol, podemos provocar una disminución de su HDL, ¡que es su mejor protección!

En las mujeres de menos de 50 años, ¡cuidado! El régimen anticolesterol puede disminuir la protección natural del colesterol HDL.

Las enfermedades cómplice

Paralelamente a los factores de riesgo que acabamos de analizar y que están relacionados con el entorno, también existen enfermedades que son cómplices de la aterosclerosis. Dos de ellas nos interesan especialmente; se trata de *la hipertensión arterial y la diabetes*. Cada una de ellas requiere un tratamiento específico y deben formar parte del reconocimiento habitual en los pacientes que acuden a la consulta por aterosclerosis. Estas complicaciones arteriales son conocidas, graves, a veces alarmantes, y todas pueden ser tratadas eficazmente con un régimen adaptado y fármacos específicos. Equilibrar estos tratamientos no siempre es fácil; se requiere un control médico a largo plazo. Pero el esfuerzo vale la pena, porque su morbilidad arterial es muy significativa. Hay otras dos enfermedades que merecen un análisis más concienzudo porque no son verdaderamente causantes del ateroma, sino más bien enfermedades de plétora que afectan a las mismas zonas: se trata de la obesidad y la gota.

La hipertensión arterial

Todo el mundo en una visita médica se toma la tensión arterial. Esta se expresa habitualmente con dos cifras: una cifra superior, llamada «alta», y una cifra inferior que llamamos «baja»; estas dos cifras expresadas en milímetros de mercurio (mmHg) reflejan la presión que las contracciones del corazón generan en las arterias más grandes; en cada sístole, la presión aumenta hasta un máximo (la presión alta), y en cada diástole (el corazón se relaja), la presión desciende hasta un mínimo (la presión baja). Incluso en gente que no es hipertensa la presión puede variar; así, el esfuerzo, la emoción, el enfado, que hacen trabajar a nuestro corazón, pueden transformarnos momentáneamente en hipertensos. Pero este aumento de la presión arterial es efímero y, al cabo de unos minutos, volvemos a nuestras cifras iniciales; por este motivo la presión arterial tiene que tomarse siempre después de un necesario periodo de reposo.

Con el objetivo de fijar las ideas, podemos considerar que la cifra normal de presión arterial sistólica es de 14 mmHg y que la cifra normal de presión arterial diastólica es de 8 mmHg. Debemos tener en cuenta que la edad hace que la presión aumente de manera natural, y ciertos estados, como el embarazo, hacen que disminuya.

¿Cómo actúa la presión arterial sobre nuestras arterias?

Todos sabemos que nuestras arterias tienen en principio la función *de transportar la sangre*; por estos tubos la sangre que bombea el corazón llega a los órganos periféricos. También tienen, sobre todo las más grandes, *una función de amortiguación*: el corazón es una bomba que late a movimientos sacádicos; con cada uno de estos impulsos, la arteria se dilata, almacena energía y, gracias a las fibras elásticas que contiene en su pared, restituye entre cada latido la energía almacenada en la pared para hacer que la sangre circule. Con la edad, las arterias se van endureciendo, son menos capaces de dilatarse y ya no actúan como amortiguadoras; cada contracción del corazón provoca un choque sobre los tubos rígidos, lo que se traduce en un aumento de la presión sistólica. Estos golpes acaban provocando traumatismos en la parte interna de la arteria, lo que favorece el desarrollo de la placa ateromatosa.

Así, entramos en un círculo vicioso: el endurecimiento de la arteria provoca el aumento de la presión arterial, que favorece el desarrollo del ateroma, lo que agravará el endurecimiento...

En la actualidad se sabe también que la arteria no es un conducto inerte. En el endotelio (parte más interna de la pared arterial) se sitúan receptores que responden a señales a la vez nerviosas y químicas; estas señales se transmiten a la pared de la arteria y ordenan que se contraiga o se dilate. En la hipertensión arterial observamos una alteración de la respuesta dependiente del endotelio y sabemos que esta alteración está relacionada con el aumento de la presión sobre la pared arterial. Cuando la arteria está completamente endurecida, está claro que ningún estímulo podrá actuar sobre las células de la arteria para dilatarla o contraerla. En cambio, cuando aún está poco afectada, es posible actuar sobre estas señales con fármacos que favorezcan su dilatación, lo que hace descender la presión arterial. Todas estas nociones son la base del tratamiento moderno de la hipertensión arterial con la ayuda de medicación.

La diabetes

La diabetes provoca un riesgo mayor de aterosclerosis. Así, la incidencia de las afecciones cardiovasculares se ve doblada en los hombres y triplicada en las mujeres diabéticos en relación con las personas no diabéticas. Del 50 al 70 % de los fallecimientos de personas diabéticas es imputable a complicaciones arteriales. Sabemos que la diabetes es una enfermedad metabólica que provoca un aumento de azúcar en la sangre, además de una anomalía de producción o de utilización de una hormona pancreática: *la insulina*. Las razones por las que la diabetes provoca una aterosclerosis son complejas y múltiples, pero es seguro que la diabetes, que favorece la disminución del colesterol HDL, el aumento de los triglicéridos, la hipertensión arterial y provoca anomalías de la coagulación sanguínea, es una enfermedad que da pie a las lesiones arteriales. En cambio, parece ser que el azúcar por sí mismo no es el responsable directo de las lesiones de ateroma, pero podría ocurrir que, a la larga, por efectos indirectos sobre otros elementos, favoreciera la enfermedad.

La obesidad

Estar gordo no es un factor determinante en la génesis del ateroma. Sin embargo, hay que ser claros: con frecuencia, la obesidad indica un entorno que favorece el ateroma. El obeso come más, consume menos energía y es más posible que tenga diabetes. Estar gordo supone asimismo que el corazón debe trabajar más, ¡porque la red a la que tiene que abastecer aumenta! Para acabar, en los obesos es frecuente encontrar alteraciones de grasas y, sobre todo, aquellas que favorecen el ateroma. Así, se riza el rizo y al final el adelgazamiento tiene que ser una de las primeras medidas higiénico-dietéticas que hay que proponer a los obesos que tienen demasiado colesterol. Por suerte, el régimen que hace descender el colesterol también, a menudo, hace adelgazar.

La gota

La gota es una afección hereditaria que inflama las articulaciones y produce dolor. Está relacionada con un problema de regulación del ácido úrico, desecho causado por la combustión de sustancias nitrogenadas (proteínas) en el organismo y normalmente evacuadas por la orina. En muchos estudios se ha mostrado una frecuencia particular de aterosclerosis en las personas con gota, pero debemos preguntarnos si en realidad se trata de una coincidencia de los hábitos: la persona con gota suele hacer comidas copiosas, lo que revela su anomalía de depuración del ácido úrico, pero al mismo tiempo absorbe una ración de colesterol que es suficiente por sí sola para explicar el desarrollo de un ateroma.

¿Cómo prevenir la aterosclerosis?

El tratamiento de una enfermedad tan extendida plantea múltiples problemas, entre otros:

- el de la prevención, especialmente complejo cuando se trata, como hemos señalado, de una enfermedad social que plantea un problema de civilización;
- el de la eficacia de los medicamentos y de las intervenciones, que sólo puede ser determinada por grandes estudios;
- el de los gastos, que no puede dejar indiferentes a los organismos, a menudo estatales, encargados de asumir el cargo a alto nivel.

¿Hay un tratamiento preventivo para la aterosclerosis?

Sin lugar a dudas, más vale prevenir que curar. El objetivo de estas páginas no es otro: más vale conocer el problema para evitar, año tras año, que aparezca la enfermedad.

Para empezar: hay que cuidarse

Quién mejor que su médico de cabecera para darle los siguientes consejos:

- *tómese la tensión arterial con regularidad*;
- *controle su colesterol total*, así como el colesterol *HDL y LDL*, para determinar si existe riesgo aterogénico;
- *revise su glucemia en ayunas* (nivel de azúcar en la sangre) para descubrir un posible riesgo de diabetes;
- *controle su peso:* la obesidad no es por sí sola un factor de riesgo, pero aumenta el trabajo del corazón;
- *acuda al médico* en caso de cualquier señal anómala, dolor o sofoco, sobre todo relacionados con el esfuerzo.

Luego: cambiar los hábitos de vida
Podemos afirmar con certeza que se dispone de un tratamiento preventivo de la enfermedad. Consiste en modificar ciertos hábitos que sabemos con seguridad que favorecen los riesgos. Los hemos detallado anteriormente, pero los resumimos a continuación:

— suprimir el consumo de tabaco;
— hacer adelgazar a los obesos;
— cambiar la alimentación en la línea que propone *La cocina de sus arterias*;
— practicar ejercicio con regularidad (*footing*, caminar, natación, etc.);
— tratar las enfermedades cómplice (hipertensión arterial, diabetes).

Estas disposiciones se van imponiendo cada vez más en la actualidad y se ven favorecidas por algunas campañas de información (por ejemplo, la campaña antitabaco) y se traducen en modas, de las que haríamos mal burlándonos (la moda del *footing*, por ejemplo). En Estados Unidos se ha iniciado, sin lugar a dudas, una vasta campaña de sensibilización, cuyos primeros resultados se empiezan a notar en las curvas epidemiológicas. España seguramente seguirá sus pasos, pero con lentitud...

II

COMPRENDER LA NUTRICIÓN

Hay que comer para vivir

No es necesario consultar a los entendidos y a los nutricionistas para saberlo: lo que comemos interviene directamente en nuestra salud... «Hay que comer para vivir, no vivir para comer» o bien «comida gustosa, un poquito de cada cosa» son dichos o proverbios que expresan la sabiduría popular. De manera más o menos consciente, en nuestra mentalidad de enfermos y de médicos occidentales, se añaden también las sobras de una culpabilidad por el placer experimentado: «¡Nos ponemos enfermos porque hemos abusado de algo!». Así, el colesterol, revelador del pecado de la gula, es el sucesor del trepanoma pálido, revelador de la sífilis, siguiendo nuestra mentalidad de la enfermedad-castigo. En el siglo XIX, la aterosclerosis (como la mayoría de las enfermedades) era atribuida al abuso del placer sexual; en nuestro tiempo, la atribuimos a los placeres de la mesa...

Nuestro organismo es como una máquina que efectúa permanentemente un trabajo. Este trabajo, por supuesto, puede variar en un mismo individuo, en función del momento, y, en general, de un individuo a otro: una persona cuyo trabajo implica la fuerza física «trabaja» (en el sentido energético de la palabra) más que el que tiene una ocupación sedentaria; el que está de pie trabaja más que el que duerme; el niño tiene más necesidades que el adulto... Pero incluso en las mismas condiciones de base, es decir, durante el sueño en una habitación a 18 °C, por ejemplo, el organismo consume energía para sobrevivir y garantizar de esta manera que haya la energía necesaria para los latidos del corazón, la respiración, un cierto tono muscular y la vida íntima de los millones de células por las que estamos formados. Todo este consumo de energía se expresa en calorías (unidades de calor) o en julios (unidades de trabajo), lo que, como acabamos de ver, acaba siendo lo mismo: *1 caloría equivale a 4,18 julios.*

El «carburante» que hace funcionar esta máquina es *la alimentación.* Es la que suministra al organismo una ración cotidiana de alimentos diversos que nuestras células transforman en energía. Por poner un ejemplo, podemos decir que los alimentos son el carbón que nuestro organismo-máquina quemará gracias al oxígeno que respiramos. Esta combustión producirá calorías, cuyo número no sólo indica la cantidad, sino también a la calidad de la alimentación ingerida. En efecto, cada bocado que damos tiene distinto valor y todos sabemos que un plato de judías verdes aporta menos calorías que una ración de patatas fritas.

¿Qué necesidades tiene el organismo?

En un adulto joven, el organismo gasta una media de 2.200-2.400 calorías por día para cubrir las diferentes necesidades de una vida normal. Sin embargo, estas necesidades son un poco mayores en los jóvenes en etapa de crecimiento o en las mujeres embarazadas. Asimismo, pueden aumentar considerablemente si se practica un deporte o una actividad profesional que requiera un trabajo muscular, y pueden alcanzar, e incluso superar, las 4.000 calorías.

La edad, en cambio, hace disminuir esas necesidades: un 6% entre los 40 y los 50 años, un 13% entre los 50 y los 60 años, un 20% entre los 60 y los 70 años, y un 30% después de los 70 años. Pero cuidado, si bien la cantidad debe disminuir, la calidad debe mantenerse: se insiste continuamente en la importancia de una aportación proteínica igual o incluso superior en los ancianos para evitar las consecuencias de la desmineralización ósea.

El equilibrio energético

Actividad	Gasto calórico (por hora)	Alimento equivalente (por 100 g)
Dormir	70	leche entera
Caminar rápido	200	bistec magro
Footing	300	queso
Tenis	500	chocolate
Carrera (competición)	650	avellanas

Cabe señalar que el trabajo intelectual no requiere ningún gasto energético y que el cansancio que se siente no tiene nada que ver con un gasto calórico. Se trata de una trampa para el intelectual sedentario, que debería obligarse a practicar una actividad física.

La actividad física más sencilla es caminar: podemos practicarla yendo al trabajo o paseando por la ciudad, sin equipamiento especial ¡y sin necesidad de apuntarnos a un gimnasio! Es poco peligrosa y permite consumir entre 150 y 200 calorías por hora si se camina a buen paso…

Actividades aconsejadas:

— sobre todo, caminar, y hacer *footing* (controlando el pulso);
— ciclismo;
— natación;
— golf.

A partir de los 40 años es aconsejable que los deportes violentos (como el tenis) o demasiado intensos (como correr un maratón) se practiquen con prudencia.

Cocinar para sus arterias: los principios básicos

Objetivos

— *Disminuir* en general la aportación de grasas alimenticias: grasas inferiores al 30% de las aportaciones calóricas;
— *disminuir* la aportación de grasas saturadas (esencialmente de origen animal) y aumentar la aportación de grasas insaturadas (esencialmente de origen vegetal). La relación entre ácidos grasos poliinsaturados P (protectores) sobre ácidos grasos saturados S (inductores) ha de ser igual o inferior a 1;
— *controlar* (sin suprimirla) la aportación de colesterol alimenticio: 300-400 mg de colesterol alimenticio al día;
— *asociar* un régimen alimenticio con la prevención de otros factores de riesgo: consumo de tabaco, hipertensión arterial, sedentarismo.

Los medios

Evitar o utilizar con moderación	Recomendable
Mantequilla y margarinas sólidas	Margarinas suaves preferentemente
Crema y leche entera	Leche desnatada
«Grasas sólidas» (tocino, grasa de riñón, manteca de cerdo) y grasas cocidas	Pan y cereales
	Aceites de girasol, de maíz, de soja, de oliva, de pepino, de uva
Quesos	Aves de corral (sin la piel), conejo, caballo
Huevos	
Aceite de cacahuete, de palma, de copra	Todos los pescados
Carnes de cerdo, de cordero, de vaca entreverada	Frutas
	Sorbetes
Menudos (cerebro prohibido)	Vino con moderación
Dulces con yema de huevo	
Helados	

¿De qué se componen los alimentos?

No sería muy poético intentar reducir un plato maravilloso, delicadamente elaborado, forma de una expresión artística, a su poco atractiva composición química. Sin embargo, en este campo, como en tantos otros, nuestros sentidos nos engañan, y lo que encanta a nuestro olfato y a nuestro paladar no siempre tiene equilibrio energético... Hay que saberlo: ¡todas las maravillas de Lucullus pueden reducirse a nutrientes energéticos (glúcidos, prótidos y lípidos), vitaminas, oligoelementos y agua! Veámoslo en detalle.

Los nutrientes energéticos

Son responsables de la famosa ración calórica cotidiana; son los que aportan la energía que cubrirá nuestras necesidades.

Distinguimos tres grandes familias que debemos considerar por separado:

— *los glúcidos* o hidratos de carbono forman la familia de los azúcares;
— *los prótidos,* la familia de las proteínas, uniones de pequeñas moléculas indispensables para la vida: los ácidos aminados;
— *los lípidos* o cuerpos grasos, sobre los cuales nos permitimos insistir porque son el núcleo de la aterosclerosis.

Las vitaminas

Son las catalizadoras de muchas reacciones químicas de nuestro organismo. Estas sustancias no se sintetizan en nuestro cuerpo, por lo que es indispensable que estén incluidas en nuestra alimentación.

Los iones y los oligoelementos

Son esencialmente sales minerales, indispensables para ciertas funciones del organismo.

El agua

Compone casi el 70 % de nuestro organismo, sin duda es el alimento sin el cual sería más difícil subsistir.

Los azúcares o glúcidos

Para simplificar, los podríamos denominar *azúcares*. Pero debemos saber que aunque existen muchos azúcares «azucarados», la mayoría no lo son... De hecho existen dos familias de azúcares.

Notamos inmediatamente que los caramelos o la mermelada son azúcares cuando los probamos; forman *la familia de los azúcares de absorción rápida,* que pasan rápidamente a la sangre y luego desaparecen también con gran rapidez, avivando el hambre. El abuso de estos azúcares puede conducir a la obesidad y a veces incluso a la diabetes. De hecho, estos azúcares están constituidos por pequeñas moléculas que se vierten rápidamente en la sangre (en unos 15-20 minutos) y además de una manera masiva. La glucemia (índice de glucosa en la sangre) aumenta muy rápido y hasta valores muy elevados, y provoca una reacción fisiológica desmedida, la secreción de insulina por parte del páncreas. Esta secreción de insulina, si bien permite quemar y almacenar (¡en forma de grasas!) la sangre circulante, en cierto modo es demasiado eficaz; desemboca en la hipoglucemia (descenso de glucosa sanguínea), que se traduce prácticamente en cansancio, ausencia de concentración e incluso pequeños vértigos hasta que comamos o el organismo reaccione segregando una hormona que tiene el efecto inverso.

Por el contrario, los cereales, el pan, las pastas, las patatas y el arroz pertenecen a *la familia de los azúcares de absorción lenta*; son asimilados y utilizados progresivamente por el organismo, y su valor nutritivo es excelente. ¡No hay nada como un plato de espagueti para calmar al hambriento, o un bol de cereales como desayuno para evitar el famoso agujero en el estómago a media mañana relacionado con la hipoglucemia!

Estos alimentos están compuestos por azúcares complejos que forman moléculas gigantes; antes de ser utilizados por el organismo en forma de azúcares simples, tienen que dividirse en pequeños fragmentos; esta opera-

ción lleva su tiempo. Por esta razón se van vertiendo poco a poco en la sangre, provocando solamente una secreción moderada de insulina que no por ello desemboca en hipoglucemia secundaria.

Todos estos glúcidos tienen un mismo valor calórico: *1 gramo de glúcido es igual a 4 calorías.*

Seamos claros: *los glúcidos son los que hacen que engordemos.* La secreción de una hormona (la insulina) que acompaña a la ingestión de azúcares ayudará a generar reservas de grasa por parte del organismo. Si, acompañando a estos azúcares, la alimentación incluye lípidos (¡cuyo valor calórico es de más del doble!), la cantidad de calorías asumidas aumentará... Para adelgazar, hay que evitar mezclar azúcares y grasas en la misma comida o, para simplificar, erradicar los glúcidos de nuestros menús. Así, podemos prohibir el azúcar «azucarado» y proponer *el régimen sin P* (nada de pan, pastas, patatas, pasteles...).

Pero hay que tener cuidado, una dieta sin glúcidos puede ayudar a perder algunos kilos, pero no se debe seguir durante demasiado tiempo porque desembocaría irremediablemente en el aumento de los índices de colesterol y de triglicéridos.

Los prótidos o materias nitrogenadas

Los prótidos son los constituyentes básicos de todas las células vivientes, sirven para construir, conservar y renovar los tejidos del cuerpo. No sólo están contenidos en las carnes, como se cree a menudo, sino que también se encuentran en las verduras.

De los tres grupos que forman el conjunto de los constituyentes de los seres vivos, el de los prótidos es el más complejo. Podemos observar que el nitrógeno y el azufre aparecen constantemente y en grandes proporciones. Así, podemos constatar que hay una gran diferencia de estructura en relación con los otros dos grupos.

Mientras que en los glúcidos encontramos compuestos, ya sea de una única y misma molécula repetida *n* veces, ya sea de cuerpos formados por algunas moléculas diferentes, en los lípidos, no vemos nunca más de tres tipos de ácidos grasos entrar en la misma molécula. En los prótidos, en cambio, encontramos casi siempre un gran número de sustancias diferentes unidas unas a otras. Lo que resulta es a la vez de gran complejidad y de una variedad infinitamente más grande.

La unidad básica está representada por *los ácidos aminados* (llamados así porque contienen nitrógeno): son 14. Entre ellos, hay ocho que se denominan *esenciales* porque no son fabricados por el organismo humano y tienen que ser aportados siempre por la alimentación. *Las proteínas* son cadenas en que los ácidos aminados se encuentran unidos los unos a los otros como las perlas de un collar, pero su sucesión no es aleatoria: está determinada por el código genético que se encuentra en el núcleo de las células (cromosomas) de todos los seres vivos.

Los prótidos están en la carne, el pescado y los productos lácteos (productos de origen animal) y en menor medida en los cereales y las legumbres secas (prótidos de origen vegetal). Entran en la constitución de nuestros tejidos; realmente son los constructores de nuestro organismo. Para cada etapa de la vida, su aportación es necesaria para garantizar la renovación permanente de nuestras células.

El valor calórico de los prótidos es el mismo que el de los glúcidos: *1 gramo de prótidos equivale a 4 calorías.*

Los lípidos o grasas

Son sinónimo de materias grasas y, como nos podíamos imaginar, por ello son altamente energéticos: *1 gramo de lípidos equivale a 9 calorías.*

Si queremos especificar más, podemos decir que los lípidos son sustancias naturales que contienen *ácidos grasos* en sus moléculas. Vale la pena detenerse un momento: los ácidos grasos son una constante en este libro sobre la cocina de las arterias; para resumir, podríamos decir que son los protagonistas; su familia es el punto de mira. De ellos y de sus componentes depende largamente el riesgo de enfermedad vascular... ¡Así que vamos a detallarlos un poco!

Los ácidos grasos son cadenas más o menos largas, que comportan también un número par de átomos de carbono y una función ácida (COOH). Los principales son los ácidos palmíticos (16 carbonos), esteáricos (18 carbonos), araquídicos (20 carbonos) y oleicos, ¡el del aceite de oliva! (18 carbonos). Escuchando enumerar estos ácidos grasos, no hay duda de que los químicos los han bautizado utilizando el nombre de la sustancia de la cual los han extraído, lo cual facilita su memorización.

En realidad, como suele pasar, podemos distinguir dos grandes familias en los ácidos grasos: *los saturados y los insaturados.* Esta distinción es importante para nuestro propósito, porque en una familia se reúnen las grasas «malas», perjudiciales para nuestra salud, y en la otra las grasas «buenas» de nuestras arterias.

Los ácidos grasos saturados

Son principalmente de origen animal; los encontramos en la mantequilla, la manteca de cerdo y las grasas de la carne.

Consumidos en exceso, pueden provocar un índice de colesterol elevado, y favorecer de esta manera el ateroma.

También tienen tendencia, si predominan en la alimentación, a aumentar el riesgo de trombosis (formación de coágulos) porque actúan sobre la agregación de plaquetas de la sangre.

Estos ácidos se caracterizan por una cadena de átomos de carbono siempre de número par. Cada átomo de carbono se dice que está saturado porque está vinculado a dos moléculas de hidrógeno según el siguiente esquema:

$$CH_3\text{-}CH_2\text{-}CH_2\text{-}CH_2\text{-}CH_2\text{-}CH_2\text{-}CH_2\text{-}CH_2\text{-}CH_2\text{-}CH_2\text{-}CH_2\text{-}COOH$$

Los ácidos grasos insaturados

Difieren de los ácidos grasos saturados porque poseen una o varias vinculaciones dobles entre los átomos de carbono:

$$CH_3\text{-}CH_2\text{-}CH_2\text{-}CH = CH\text{-}CH_2\text{-}CH_2\text{-}CH_2\text{-}CH_2\text{-}CH_2\text{-}CH_2\text{-}COOH$$

Algunos ácidos grasos insaturados poseen una única vinculación doble, como el ácido oleico, por ejemplo (el del aceite de oliva); otros poseen dos o tres o incluso más, se llaman ácidos grasos poliinsaturados.

En química, la vinculación doble significa que existe una posibilidad de fijar otras moléculas, lo cual vuelve a estos ácidos más inestables; así, las grandes moléculas de ácidos grasos insaturados se pueden dividir fácilmente en moléculas mucho más pequeñas. Son los cuerpos vegetales, el aceite de girasol o el de soja, por ejemplo, los que contienen más ácidos grasos no saturados.

Contribuyen a hacer descender el nivel de colesterol disminuyendo la síntesis de lipoproteínas de baja densidad (colesterol LDL), que aportan el colesterol a las células, y facilitan la excreción biliar del colesterol.

Protegen, al menos en parte, contra la hipertensión arterial y la trombosis.

Se calcula que la sustitución en la alimentación de los ácidos grasos de origen animal por ácidos grasos poliinsaturados de origen vegetal provoca en tres semanas un descenso del colesterol sanguíneo del 20%, esencialmente por lo que respecta al colesterol LDL (colesterol perjudicial).

¿Qué es un ácido graso esencial?

Algunos de estos ácidos grasos tienen una función muy particular en la vida de las células: el crecimiento, la síntesis de las prostaglandinas; los llamamos ácidos grasos esenciales porque nuestro organismo no puede sintetizarlos según sus necesidades (sólo las plantas saben hacerlo), y por lo tanto deben estar obligatoriamente presentes en nuestra alimentación. De hecho, estos ácidos grasos (ácidos linoleico y linolénico) son aportados por cualquier alimentación normal; sólo los enfermos sometidos a alimentación intravenosa podrían padecer esta carencia.

¿Qué es un triglicérido?

Cuando leemos un examen de laboratorio, podemos constatar que los triglicéridos a menudo están dosificados. De hecho, los ácidos grasos de los que hemos hablado raramente se pasean solos. Se agrupan de tres en tres, formando así los triglicéridos. De esta manera los lípidos, contenidos en los tejidos adiposos de los animales y en numerosos aceites o grasas vegetales de reserva, se encuentran constituidos en su mayoría por estos triglicéridos. Su dosificación expresa de esta manera una cantidad de lípidos totales.

El índice normal de triglicéridos en la sangre es inferior a 160 mg/dl.

Si se encuentran compuestos por ácidos grasos saturados, son sólidos a temperatura ambiente, pero cuanto más pequeña es la cantidad de carbonos de los ácidos grasos que lo constituyen, más fácilmente se funden. Así, la mantequilla compuesta de ácidos butíricos de cuatro carbonos se ablanda fácilmente cuando la temperatura aumenta.

En cambio, los triglicéridos de ácidos grasos no saturados son casi todos líquidos; es el caso del aceite de oliva, por ejemplo.

Y el colesterol, ¿qué es?

Desde el inicio de este libro no hacemos más que hablar de él y estaría bien saber cómo es, de dónde viene y adónde va... Todo el mundo sabe más o menos que se trata de una molécula de la familia de las grasas que tiene una función importante en la aterosclerosis.

Fue aislado por primera vez en 1769 por Pulletier de la Salle en cálculos biliares. Es una molécula compleja cuya fórmula es $C_{27}H_{46}O$ y cuyos átomos de carbono están vinculados los unos a los otros formando *ciclos,* y no como en los ácidos grasos, donde forman *cadenas.*

El colesterol aportado por la alimentación viene esencialmente de las grasas animales. La yema de huevo contiene todas las categorías de concentración en colesterol porque contiene 1.500 mg por cada 100 g de alimento. Los huevos de pescado, los menudos, la grasa de la carne, la mantequilla y la crema contienen también mucho.

Pero de todas formas también es sintetizado por nuestro organismo. En efecto, su función en nuestra salud es esencial: participa en la fabricación de las membranas de nuestras células, es el precursor de la mayoría de las hormonas (estas mensajeras que parten de nuestras glándulas para incitarnos a crecer, a defendernos, a adelgazar... a amar). En resumen, *el colesterol es indispensable para nuestra vida.* Si no lo consumiéramos, nuestro cuerpo encontraría métodos para fabricarlo él mismo; en cambio, si lo comemos demasiado, corre el riesgo de cortar el paso y colocarse allí donde no debe, y poco a poco obstruir nuestras arterias. Así, es necesario comer de manera inteligente y ahí es donde está el problema.

Necesidades diarias de colesterol: entre 1 y 1,5 g (secreción diaria por parte del hígado).

¿Qué es un régimen pobre en colesterol?

Una dieta que aporta menos de 300 mg de colesterol al día (colesterol exógeno). En estas condiciones, un hombre normal fabricará 12 mg de colesterol por kg de peso y por día (colesterol endógeno).

Demasiadas grasas en nuestra alimentación

Del 42 al 45 % de las calorías que comemos es de origen lipídico. ¡Es demasiado! Sobre todo porque las grasas de origen animal predominan, y favorecen por tanto el aumento de la cifra de colesterol sanguíneo. Sería beneficioso bajar la aportación total de grasas al 30 % y obtener una relación de ácidos grasos insaturados sobre ácidos grasos saturados igual o superior a 1. Esto, claro, supone una elección en las comidas, cierto tipo de cocina

y, sin duda, una clasificación en el plato entre lo graso y lo no graso... ¡La apreciación intuitiva muchas veces es buena!

Las grasas buenas y malas

Podemos establecer dos categorías de grasas: las buenas y las malas, lo que tiene una consecuencia inmediata en nuestra alimentación cotidiana.

Las vitaminas

Son moléculas que sirven de catalizador para muchas reacciones químicas de nuestro cuerpo. Estas sustancias no son sintetizadas y tienen que ser aportadas por la alimentación. Los estados de carencia vitamínica son excepcionales en los países occidentales porque la aportación de diversos alimentos proveedores de vitaminas es constante (frutas y legumbres verdes, cereales, carnes, huevos, productos lácteos...) y el clásico escorbuto (carencia de vitamina C, contenida en los alimentos frescos) de los marinos del siglo XVI o el no menos conocido beriberi (carencia de vitamina B_1) sólo se encuentran en los países subdesarrollados, en carencia nutricional crónica.

El descubrimiento de las vitaminas

Fue en Asia donde se descubrió la noción de vitamina y su función indispensable en la salud del hombre. El beriberi era conocido desde hacía mucho tiempo como una enfermedad paralizante que podía provocar la muerte por asfixia o desembocar en edemas generalizados. En 1882, un médico japonés, Takaki, se sorprendió porque el beriberi, frecuente en los marinos de su país, fuera desconocido para los marinos occidentales. Si bien las condiciones de vida y de higiene corporal eran las mismas, la alimentación era completamente distinta. La ración alimentaria de los marinos japoneses comprendía casi exclusivamente arroz pulido, es decir, descascarillado y con menos nutrientes. La ración de los marinos occidentales era, por el contrario, extremadamente variada. Takaki tuvo la idea de ofrecer un régimen europeo, que incluyera carne y verduras variadas, a los marinos japoneses afectados por el beriberi. Se curaron rápidamente. Por tanto, el beriberi era una enfermedad por carencia, es decir, provocada por la ausencia de cierta sustancia en la alimentación. Takaki, sin tener la menor idea sobre la naturaleza de esta sustancia, acababa de descubrir la forma de prevenir, e incluso de curar, una enfermedad por entonces misteriosa.

Fue Casimir Funk quien consiguió aislar esta sustancia contenida en la envoltura de los granos de arroz: con técnicas complicadas, consiguió aislar del salvado del arroz una sustancia cristalizada que era extremadamente activa incluso en cantidad mínima (algunos centigramos a partir de 50 kg de salvado de arroz).

El análisis químico reveló en el producto aislado por Funk la presencia de una función amina (nitrógeno). Como esta amina era indispensable para la vida, Funk la bautizó como «vitamina», es decir, amina vital.

Luego se descubrieron otras sustancias indispensables y presentes en los alimentos en una proporción muy pequeña: se las bautizó también como vitaminas, aunque no presentaban función amina. En las clasificaciones actuales de las vitaminas, la vitamina capaz de prevenir el beriberi es la vitamina B_1 o aneurina.

Su molécula, muy compleja, posee carbono, hidrógeno, oxígeno, nitrógeno y azufre.

Las vitaminas son frágiles o poco estables:

— *pueden destruirse debido al contacto con el aire, el calor, la luz o el lavado;*
— *no hay que almacenar las verduras durante demasiado tiempo ni remojarlas en agua;*
— *no hay que pelar las hortalizas hasta el último momento;*
— *es preferible la cocción al vapor.*

Las vitaminas: ¡más de actualidad que nunca!

La historia de las vitaminas no se acaba con la del beriberi. Un descubrimiento reciente en bioquímica les confiere mayor interés. Todo el mundo conoce el oxígeno (O_2), gas descubierto por Lavoisier, indispensable para la vida, y que permite la respiración celular. En ciertas condiciones, este gran amigo del reino animal puede revelarse como francamente tóxico: se convierte en un *radical libre*, es decir, que de molécula estable pasa a ser inestable, ¡intentando, para recuperar su estabilidad perdida, fijar uno de sus electrones en una molécula cercana! Haciendo esto, transforma esta molécula en radical libre, que intentará destruir a su vecina y así continuamente: *es la reacción en cadena*. Ahora bien, las estructuras de nuestro cuerpo que son más sensibles a estos radicales libres son las membranas de nuestras células, y la destrucción de una membrana provoca también la destrucción de la célula. En resumen, el oxígeno en ciertas condiciones puede ser eminentemente peligroso; estaría implicado en el origen de algunos cánceres, en el infarto de miocardio y también en nuestro envejecimiento.

Como siempre, la naturaleza lo ha previsto todo y hay enzimas especiales que tienen la función de desactivar esa pequeña granada que es el oxígeno radicalario desde el momento en que se origina en nuestro cuerpo. Por desgracia, estas enzimas a veces son superadas por una producción demasiado abundante, dejando la puerta abierta a la destrucción celular. Ahí también nuestra alimentación puede intervenir para protegernos de la enfermedad, porque algunas vitaminas parecen tener una misión importante para captar estos radicales libres, que se dice que tienen una actividad antioxidante; se trata sobre todo de las vitaminas E y C.

¿Dónde encontramos las vitaminas E y C (antioxidantes)?

Vitamina E (alfa-tocoferol) en los lípidos vegetales (mg/100 g):

- aceite de cacahuete: 13
- aceite de oliva: 18
- aceite de colza: de 25 a 40
- aceite de girasol: 55
- aceite de pepitas de uva: 150

Vitamina C (ácido ascórbico) en las frutas y verduras (mg/100 g):

- kiwi: 300
- perejil: 170
- col: 100
- berro: 75
- fresa: 60
- naranja: 50
- limón: 50
- rábano: 25

Los oligoelementos

Son iones presentes en forma de rastros en los animales, y sin embargo son necesarios para la vida. Se trata esencialmente de las sales minerales: calcio, hierro, potasio, sodio, magnesio, fósforo, yodo, selenio... Se encuentran principalmente en una alimentación de origen vegetal; las verduras y la frutas frescas en particular. Un ejemplo, el del *yodo*, nos hará entender la importancia de la presencia o ausencia de los oligoelementos. En algunas regiones montañosas, constatamos la existencia de una afección denominada bocio mixedematoso, que se debe a una carencia de yodo. El yodo es un constituyente de la hormona segregada por la glándula tiroidea. Esta carencia tiene por origen el consumo de agua poco mineralizada; la sal de cocina demasiado purificada no compensa esta carencia. En Suiza, donde esta dolencia estaba muy extendida, se pensó en remediarla añadiendo un poco de yoduro de sodio a la sal de consumo común. Los resultados fueron alentadores por lo que respecta al mixedema. Pero esta introducción de yodo en la alimentación tuvo una consecuencia: en los años siguientes se constató una disminución del peso medio de los bebés al nacer. La interpretación fue la siguiente: la provisión de yodo garantiza un buen funcionamiento de la glándula tiroidea, una producción normal de hormonas, y de ahí el metabolismo más activo en la madre y el niño que lleva dentro y una menor acumulación de lípidos.

Así, la necesidad de yodo en la alimentación se demuestra de manera indirecta.

La moda de los oligoelementos

Desde hace poco tiempo, la publicidad de aguas minerales se ha adueñado de los oligoelementos. Es cierto que la única cosa que puede diferenciar dos aguas es su composición iónica. Los oligoelementos que vienen de la tierra aportan propiedades misteriosas: a la juventud de los volcanes extinguidos y al agua nueva de las células se le añade la ligereza y la propiedad de hacer adelgazar para convencer al consumidor. Es verdad que numerosos iones metálicos son necesarios para facilitar las reacciones químicas del organismo.

Incluso recientemente se ha demostrado que *el selenio* sería necesario para luchar contra los radicales libres del oxígeno, de los que ya hemos hablado; su carencia provocaría una enfermedad grave del músculo cardiaco observada en la región de Keshan en China, donde precisamente se manifiesta su ausencia. Por otra parte, se empieza a pensar seriamente que este famoso selenio podría prevenir la aterosclerosis (siempre hablamos de luchar contra las oxidaciones), e incluso el cáncer. El selenio se encuentra en numerosos vegetales, ¡que no son más que el reflejo de la composición del terreno en el que crecen! Así, Carelia del Norte es muy pobre en este oligoelemento, y, por poner un ejemplo, en la región de París la aportación media es de 40 microgramos por día, mientras que lo deseable sería una aportación de 50 microgramos: *¡así, pues, comamos verduras!*

De hecho, cabe destacar sobre todo que el índice de selenio en la sangre cae en picado en las personas alcohólicas, lo que explica quizá ciertas enfermedades del músculo cardiaco observadas en las personas con cirrosis.

El agua

El agua es indispensable para el organismo, representa del 60 al 70 % del peso del cuerpo y, en pocos días, su privación provoca la muerte: ¡se muere antes de sed que de hambre! La sed es señal de seguridad desencadenada por captores situados en la lengua, la garganta y el cerebro, que advierten de que las reservas de agua del cuerpo son demasiado bajas. Su función es esencialmente la de la eliminación y la depuración; así, cada día, de 2 a 3 litros de agua sirven para eliminar los residuos del organismo con la transpiración, la evaporación pulmonar, los orines y las deposiciones. Este volumen perdido tiene que ser reemplazado por el agua que bebemos, claro, pero también por el agua contenida en los alimentos (hay algunos especialmente ricos como por ejemplo las frutas, en las que el agua puede representar hasta el 90 % de su peso).

De hecho, el agua que bebemos no tiene nada que ver —¡ya nos lo imaginábamos!— con el agua de los químicos: H_2O. Incluso el agua más natural, la más pura, contiene siempre cierta cantidad de sustancias disueltas: oligoelementos, bicarbonatos, calcio, sal… Se trata de diversos constituyentes que le darán un sabor, ¡un sabor que no se les escapa a los aficionados al agua mineral!

Elegir su agua

El consumo de agua ha sido la base de todo un movimiento terapéutico al que cada vez se aficiona más gente: el termalismo. En España tenemos variedad de manantiales y fuentes, cuyas propiedades pueden ayudar a curar múltiples afecciones.

¿Hay algún agua buena para las arterias? Se ha señalado la importancia de las aguas un poco duras, es decir, que contengan calcio y magnesio. Estudios realizados en Estados Unidos han revelado que, en las regiones en que el agua tiene estas características, el número de personas con enfermedades cardiacas es inferior que en otros lugares. No debemos fiarnos, sin embargo, de las publicidades llamativas que podrían hacer creer que ciertas aguas tienen propiedades casi mágicas: *cuidado también con las aguas demasiado saladas* cuando se es hipertenso. Si bien el agua puede tener esas propiedades, estas son, evidentemente, modestas.

Saber beber

De hecho, lo mejor sería beber entre comidas y no durante estas. Beber es, en efecto, una solución para comer más rápido, tragar los bocados sin masticar demasiado la comida y evitar así la acción fundamental del masticado y la acción digestiva de los jugos salivales. Pero también hay que saber predecir la sed, todos lo deportistas son muy conscientes de ello.

Aguas (mg/l)	Sodio	Calcio	Potasio	Magnesio
Font Vella	13,2	38,5	—	9,7
Solan de Cabras	5,2	58,3	1,1	25,1
Viladrau	13,2	26,7	—	4,3
Veri	0,6	74,4	—	1,4
Lanjarón	4,8	27,2	—	8,8
Vichy	1.172	103	66	10

La composición de las diferentes aguas minerales explica las diferencias de sabor.

Cabe mencionar que Vichy es un agua muy salada. En cambio Solan de Cabras y sobre todo Veri son aguas con poco sodio y mucho calcio, por lo tanto serían recomendables para la aterosclerosis.

III

COCINAR PARA SUS ARTERIAS

Consejos para la cocción

El arte de cocinar la carne ofrece posibilidades infinitas que hay que considerar por lo que respecta al sabor esperado, claro, pero también por lo que respecta a la dietética.

Esquemáticamente, digamos que se puede asar, hacer a la plancha, freír, escalfar, hacer a la brasa, a la parrilla, hervir, estofar...

Asar. Si bien asar una comida es fácil y le da buen aspecto y buen sabor, no debemos olvidar que esto provoca una cocción de las grasas a alta temperatura, y por lo tanto nociva. Es preferible hacerlo en el asador, que permite la eliminación de las grasas durante la cocción.

Cocinar a la plancha o al grill. Las sartenes antiadhesivas permiten cocinar sin cuerpos grasos; así que son indispensables. Lo ideal es el grill, que evita las grasas cocidas aunque se pierda un poco de untuosidad. Es mejor en ese caso añadir sobre los alimentos, una vez cocinados, un poco de mantequilla cruda. Con la intención de evitar el sabor amargo de la carne a la plancha, sería conveniente dar unas pinceladas de aceite (del autorizado) a los alimentos antes de guisarlos, y no cocinarlos a una muy alta temperatura para no quemarlos por debajo.

Freír. Este modo de cocción está prohibido, porque los alimentos absorben de esta manera demasiados cuerpos grasos (hasta el 50 %).

Las cocciones al vapor. Van muy bien para las verduras, hortalizas y legumbres. La olla a presión es a la vez rápida y económica.

Es importante señalar que algunas verduras u hortalizas, como por ejemplo los espárragos, sólo soportan la cocción con mucha agua.

La cocción a la papillote. Es muy aconsejable y puede dar resultados culinarios notables. Se utiliza un papel sulfurizado o un papel de aluminio. El alimento se coloca dentro, sazonado y acompañado por su guarnición; es importante que el cierre del papel sea totalmente hermético. La cocción es rápida y permite conservar todos los sabores; *¡no requiere ninguna materia grasa!* Se le puede añadir un chorrito de aceite de oliva cuando se abra el papillote.

Caldo reducido o escalfado. Es la cocción en agua aromatizada hirviendo (*fumet*, verduras u hortalizas semicocidas, o consomé de aves de corral). Se recomienda para ciertos pescados, para los crustáceos o incluso para algunas carnes (aves de corral).

La cocción a fuego lento en cazuela. Da resultados gastronómicos excelentes. Tras el asado, se pone el alimento en una olla (de hierro o de barro) y se le añade un consomé o unas verduras u hortalizas semicocidas; luego se cuece a fuego lento. Esta técnica es excelente para las verduras, legumbres y hortalizas, y algunos pescados grandes. Es menos recomendable para las carnes, porque la salsa absorbe los cuerpos grasos. No obstante, se puede utilizar para las aves de corral siempre y cuando se les retire la piel.

El estofado. Idéntico a la cocción a fuego lento en la olla, pero no requiere un tiempo de asado previo. El alimento se cuece entonces con su condimento tras haberle añadido un caldo o un vino blanco. Es necesario un cuerpo graso y habrá que usar un aceite permitido... La cocción sigue hasta la reducción completa del caldo.

Las cocciones aconsejadas

— Utilizar un asador
— Cocinar a la plancha o al grill
— Cocer al vapor
— Caldo reducido o escalfado
— A la papillote

El microondas, más que un sistema de cocción es un sistema de calentamiento; se emiten ondas ultracortas que agitan solamente las moléculas de agua. Agitando las moléculas, calientan el alimento; así, en principio ni el aire ni las paredes del plato están calientes. Pero cuidado, puede que el alimento los caliente. Las ventajas de este método son que se puede llevar a cabo sin cuerpos grasos y que además permite calentar las sobras de una comida anterior o los platos preparados. Está adaptado especialmente para los platos congelados. Sin embargo, no podemos hablar propiamente de cocina con esta técnica.

Dos viejos enemigos: el aceite y la mantequilla

El combate entre cocinar con mantequilla o hacerlo con aceite de oliva va más allá de los gustos particulares de cada uno. La historia, la geografía y la iglesia, incluso, tienen algo que decir en todo esto.

La historia del aceite de oliva se confunde con la de la cuenca mediterránea: «Allí donde acaba el aceite, termina el Mediterráneo», escribe Georges Duhamel (Francia 1884-1966). Desde luego, está claro que lo que tenía la paloma en su pico para indicar a Noé la llegada del diluvio era una ramita de olivo... Los autores antiguos atribuían al aceite de oliva muchas virtudes: protegía contra el frío y repelía a los gusanos y al veneno.

La mantequilla, en cambio, era ignorada por el mundo griego y latino y el *butyrom*, de hecho, sólo designa un queso de vaca. Además, Plinio consideraba este *butyrom* como un producto bárbaro. De hecho la mantequilla, ese fruto de la leche, sin duda fue inventado por los nómadas de Asia central, que batían la crema de leche en un odre de piel suspendido por encima del suelo. En nuestro país, no es tan habitual la mantequilla para cocinar, pero sabemos que en otros, como Francia por ejemplo, sí lo es. En Francia la mantequilla se conoció gracias a los vikingos y, empezando por Normandía, llegó a tener mucho éxito en todo el norte como materia grasa de referencia. Sin embargo, hasta que en 1380 Taillevent publica su libro de recetas francesas *Le Viandier*, únicamente el 2% de los platos hace referencia a la mantequilla. A finales de la Edad Media ya están bien diferenciadas las dos partes: la mantequilla se suele utilizar en los países europeos de más al norte y el aceite en los de más al sur. Por entonces era muy raro que un comerciante del sur se aventurara al norte sin llevarse su provisión de aceite, para evitar a toda costa la mantequilla, ¡que era acusada de «propagar la lepra»! El conflicto se agrava en el siglo XIV, cuando la Iglesia empieza a considerar la mantequilla como un cuerpo graso, impropio para el consumo en los tiempos de Cuaresma; el aceite virgen, en cambio, goza de todos los favores... Así que entonces, para cocinar con mantequilla en los países del norte en los días de Cuaresma, era necesario comprar ese derecho por indulgencia, práctica contra la cual se alzó Lutero en 1520.

Está claro que, a fin de cuentas, se cocina con aceite de oliva allí donde crece el olivo (sin dificultades, además), y se utiliza la mantequilla en los lugares donde no hay aceite, o es caro y donde, por justicia, las vacas encuentran pastos grasos para producir una leche bien cremosa. Esto no impide que la escisión se haya mantenido a lo largo de los siglos, y cuando la OCDE se percata de un riesgo de muerte por enfermedades vasculares inferior en los países mediterráneos comparado con el mismo riesgo en los países del norte, la tendencia es a volver a los dos viejos antagonistas para encontrar una explicación: ¡el aceite de oliva, tan puro, que protege nuestra salud, y la mantequilla, producto bárbaro, que trae enfermedades!

El aceite de oliva, esa maravilla...

Volvamos a ser un poco científicos. El aceite de oliva se caracteriza por su riqueza en ácido oleico (81 %), que es monoinsaturado. Contiene también ácido linoleico (10 %), ácido graso poliinsaturado (efecto protector), y sobre todo pocos ácidos grasos saturados (perjudiciales para el régimen anticolesterol). El aceite virgen se obtiene por presión en frío sin operación de refinamiento. Contiene también vitaminas A y E. Y algo importantísimo: ¡es el ácido graso que resiste mejor la ranciedad y que mejor se conserva con el calor!

Composición del aceite de oliva

Ácido oleico (monoinsaturado):	81 %	⎫ Efecto
Ácido linoleico (poliinsaturado):	10 %	⎬ protector
Vitamina E:	de 0,5 a 1 %	⎭
Ácidos palmítico y esteárico (saturados):	10 %	Efecto negativo
Colesterol:	0 %	
Vitamina A		

Se ha hablado acerca de su función en el riesgo de ateroma. Como hemos mencionado, existe una gran correlación entre el riesgo de hipercolesterolemia y el consumo de ácidos grasos saturados: la ventaja del aceite de oliva es su débil concentración en lípidos saturados; el hecho de que contenga pocos ácidos poliinsaturados no parece ser una desventaja. Al contrario, los estudios realizados en los países mediterráneos indican la poca incidencia de las dietas muy ricas en aceite de oliva en la aparición de enfermedades cardiovasculares. Sabemos incluso que el ácido oleico probablemente ralentiza la penetración de los ácidos grasos en la pared arterial; parece ser que actúa disminuyendo la formación de radicales libres del oxígeno, que ya hemos visto lo peligroso que puede ser para las membranas de nuestras células.

Clasificación de los aceites de origen vegetal

Según la cantidad de ácidos grasos poliinsaturados y saturados que tiene un aceite, podemos hacer una clasificación de los que habría que utilizar en cocina y los que habría que evitar.

Aceites que se pueden utilizar	Aceites que se deben evitar
— girasol	— cacahuete
— soja	— palma
— maíz	— copra (coco)
— colza primor	
— pepitas de uva	
— nuez	
— oliva	

La elección es importante. Tiene que ser valorada en función de los gustos de cada uno y de las posibilidades. Así, ciertos aceites son muy frágiles al calor y sólo pueden ser utilizados para sazonar o aliñar.

Aceites que soportan el calor	Aceites para aliñar
— girasol	— girasol
— oliva	— oliva
— maíz	— maíz
	— colza primor
	— pepitas de uva
	— soja
	— nuez

La mantequilla, fruto de la leche

Proveniente de la crema de la leche, la mantequilla es una emulsión de agua y de grasas (83%), que contienen el conjunto de los lípidos y de las vitaminas de la leche.

Composición de la mantequilla (variable según la estación)
— Gran contenido en colesterol (250-280 mg/100 g)
— Ácidos grasos saturados: 63%
— Ácidos grasos insaturados: 37%
— Vitaminas A, D, E, K
— Caseína, lactosa, sales minerales
— Punto de fusión: de 32 a 35 °C
— Temperatura crítica: 130 °C

A la vista de esta simple composición, quedan claras muchas cosas. La mantequilla no es aconsejable para una dieta anticolesterol. Sin embargo, incluso en países como Francia, en los que se utiliza tanto la mantequilla, el aporte medio diario de colesterol a través de este medio no es de más de 65 mg por habitante (y recordemos que la dosis global recomendada es de 300 mg). Por tanto, ¿deberíamos prohibirla? En su forma cruda, desde luego que no, porque aporta vitamina A en una proporción importante y esta vitamina existe principalmente en los productos lácteos y los huevos. Pero en su forma cocinada sí, porque se desnaturaliza muy rápido con el calor y se vuelve nociva para las arterias y el tubo digestivo (¡la digestión de una mantequilla requemada puede ser especialmente laboriosa!).

La mantequilla cruda puede ser consumida por todo el mundo en pequeñas cantidades (20 g/día). Y debe tenerse en cuenta que ¡muchas veces hay mantequilla escondida en salsas, dulces y otros platos deliciosos!

¡Una de las peores trampas de la mantequilla es sin duda la nevera! En efecto, untar con una mantequilla sólida no es nada fácil y conduce al exceso. Sería mejor conservar la mantequilla a temperatura ambiente, lo que permitiría que obtuviera una consistencia de «pomada», siempre evitando el contacto con el exterior, claro, porque esto hace que se vuelva rancia.

En la actualidad no dejan de surgir *mantequillas de sustitución* en el mercado: mantequillas sin colesterol, mantequillas de régimen... Es importante saber que estos productos, que a veces consiguen mantener el sabor, se encuentran constituidos por mantequilla en un 50% y el otro 50% por productos no grasos para darle volumen. Por lo tanto sería ilusorio creer que podemos consumirlos sin restricción, sino que debemos controlar su consumo. En ningún caso deben calentarse.

Otras grasas de origen animal

Lo hemos visto con la mantequilla, las grasas de origen animal aportan una ración importante de ácidos grasos saturados y de colesterol y, por lo tanto, son nocivas. *La manteca, por ejemplo, no se debe utilizar en la cocina.*

No obstante, tampoco debemos condenar todos los cuerpos grasos animales. Los esquimales no tienen jamás enfermedades cardiovasculares, y sin embargo no comen (por razones evidentes) ningún tipo de verdura. Su alimentación carnívora proviene del mar y los aceites de pescado es posible que impidan la formación de coágulos sanguíneos. Contienen un ácido graso, el ácido eicosapentanoico, que sería el precursor de las hormonas que impiden la agregación de plaquetas sanguíneas (punto de partida del coágulo).

Los aceites de pescado incluso han sido utilizados como medicamento en los enfermos coronarios con resultados interesantes. ¡Algunas preparaciones que se venden en farmacias permiten aliñar las ensaladas con un aceite al que le han quitado su sabor marítimo! ¿Será la hora del retorno del aceite de hígado de bacalao, que envenenó tantas infancias?

Fabricar su aceite aromatizado

Lo que podemos reprochar a los aceites de girasol y de soja es su neutralidad perfecta en lo que al sabor se refiere. Pero podemos aromatizarlos. Es muy sencillo.

Utilizamos *un aceite neutro*, es decir, aceite de girasol, de maíz, o aceite de pepitas de uva. No es aconsejable el aceite de cacahuete.

Aceite especiado

1 litro de aceite de maíz o de girasol

2 guindillas

5 bayas de enebro machacadas

10 granos de pimienta negra triturados

1 diente de ajo no pelado, machacado

Póngalo en una botella y déjelo macerar durante 48 horas.

Ø Para las cocciones, las emulsiones.

Aceite a las hierbas frescas

1 litro de aceite de maíz o de girasol

4 ramitas de estragón

1 ramita de romero

1 ramita de tomillo

2 ramas de perejil liso

1 ramita de albahaca

Lávelo y tritúrelo. Páselo por el colador chino. Vierta un litro de aceite de maíz o de girasol, marínelo durante 48 horas.

Ø Para las ensaladas, las hortalizas y verduras, y las emulsiones. No lo utilice para las cocciones.

Aceite aromatizado a la trufa

1 litro de aceite de maíz o de girasol

2 trufas frescas de 40 a 50 g bien lavadas y escurridas

Déjelo marinar 48 horas, después retire las trufas, que podrá utilizar posteriormente como guste. Conserve el aceite en frío.

∅ Para las ensaladas o emulsiones.

Aceite aromatizado a las especias

1 litro de aceite
1 cucharada sopera de cilantro en granos machacados
1 cucharada de café de granos de comino machacados
1 cucharada de café de granos de hinojo machacados

Déjelo macerar 48 horas.

∅ Para los aliños, las cocciones y las emulsiones.

Aceite aromatizado a la provenzal

1 litro de aceite de oliva
2 ramitas de romero
2 ramitas de tomillo
2 ramitas de ajedrea
1 hoja de laurel

Lave las hierbas, séquelas, colóquelas en un recipiente de terracota.

Vierta por encima aceite de oliva. Déjelo marinar durante 48 horas.

∅ Para las cocciones y los aliños.

Aceite aromatizado a la corteza de cítricos

1 litro de aceite de maíz o de girasol
1 naranja
2 limones amarillos
1 limón verde
20 g de pimienta verde

Pele los cítricos. Deje secar las cortezas en un lugar seco; se necesitan más o menos 48 horas para que se sequen. Muélalas con la pimienta. Vierta el conjunto en la botella de aceite escogida. Déjelo macerar 48 horas.

∅ Para los aliños y las emulsiones.

La margarina: «como la perla»

En 1869, el emperador Napoleón III promovió una competición destinada a descubrir «un producto apto para sustituir a la mantequilla ordinaria para la marina y las clases sociales más desfavorecidas. Este producto tenía que tener un precio módico, y debía poderse conservar sin volverse agrio y sin adquirir un olor fuerte». Ganó el concurso Mège-Mouriès, y aunque bautizase a su producto como «margaritas» (como la perla en griego), este producto vino al mundo con el impedimento del príncipe imperial, que hizo que las clases acomodadas le hicieran ascos.

De manera general, la margarina es una mezcla en proporciones variables de:

— aceites vegetales fluidos (soja, girasol, cacahuete, colza) y concretos (copra, palmista, palma) y de grasas o de aceites animales (manteca, aceites de ballena);
— agua o leche descremada (16% máximo);
— condimentos (sal, fécula, glucosa...).

Existen numerosas preparaciones y dependen de su uso: cocinar, freír o untar. La composición siempre se detalla en la etiqueta.

En general, las margarinas suaves son buenas, ya que contienen muchos aceites insaturados, y hay que evitar las margarinas fuertes.

En la actualidad, ciertas margarinas están compuestas por aceites poliinsaturados y destinadas al régimen anticolesterol (margarina al aceite de girasol, por ejemplo). Se han realizado grandes progresos para obtener productos ligeros de un sabor agradable.

Los huevos

El huevo de gallina es sin lugar a dudas uno de los alimentos más utilizados en nuestra cocina. Al plato, pasado por agua, duro, frito, en tortilla... Todas las maneras de prepararlo forman parte de nuestra alimentación básica. También forma parte de la composición de numerosas salsas, postres, cremas... Se ha hablado mucho sobre el carácter equilibrado de sus constituyentes y sobre su aportación en vitaminas (A, B, D, E); por eso se suele aconsejar mucho a los niños en etapa de crecimiento o a los convalecientes.

¿Es peligroso el huevo?

La yema de huevo es uno de los alimentos que contienen más colesterol por gramo: entre 1.500 y 2.000 mg por cada 100 g. Sin lugar a dudas, es el producto que más colesterol aporta en nuestra alimentación: *una yema de huevo equivale a 300 mg de colesterol.*

Así pues, la cuestión es saber si es razonable o no comer huevos en caso de ateroma. La respuesta, como suele suceder, no es tan sencilla. Si bien es cierto que el conejillo de indias en un laboratorio se vuelve rápidamente ateromatoso cuando añadimos colesterol a su alimentación, también es evidente que un hombre es distinto, que sus enzimas son diferentes ¡y que

el conejillo de indias no se caracteriza precisamente por alimentarse habitualmente de yemas de huevo! En el hombre, la adición de 100 mg al día de colesterol en la ración alimenticia provoca una elevación moderada pero indiscutible del índice de colesterol sanguíneo de unos 5 mg por 100 ml. Así, quien tenía un índice de 2,4 g/l pasa a tener 2,45 g/l. Pero no olvidemos que hay una media de colesterol de 300 mg por yema de huevo; así que, en las personas que comen muchos huevos —aquellas que se comen sistemáticamente dos para desayunar, por ejemplo— sería posible hacer descender la colesterolemia suprimiendo esta aportación. ¡No hay más que ver que en Estados Unidos se pueden comprar huevos sin colesterol!

Por lo tanto, es necesario limitar la aportación de yema de huevo en nuestra alimentación. Dos huevos por semana parece una cantidad razonable, y hay que tener en cuenta que algunas salsas, cremas y dulces también los contienen.

La sal

La sal es un alimento rico. Durante mucho tiempo, quien poseía sal (las salinas) tenía dinero. Como todas las riquezas, era impuesta, y la gabela de la Edad Media era un impuesto sobre la sal. Cabe decir que, durante mucho tiempo, la sal era un bien escaso y, por otra parte, era indispensable para conservar la carne en una época en que no existía la congelación. Como todo aquello que es raro, era muy codiciada; quizá de esta codicia nació nuestra «sed de sal». Fenómeno cultural, condimento que acompaña la mayoría de los platos, la sal hace que las comidas sean más apetitosas. Por desgracia, los gastrónomos tienen la tendencia a salar cada vez más, porque parece como si el sabor de la sal pudiera perderse con el tiempo: «Cuando se vuelva sosa la sal, ¿con qué salaremos?», dice el Evangelio.

El consumo de sal necesario no debería superar los 3 g al día, aunque hay mucha gente que consume 15 g.

¿Por qué puede ser peligrosa la sal?

La sal, si no es adecuadamente eliminada por los riñones, retiene agua en el organismo, con lo cual aumenta la masa sanguínea, que es una de las causas de la hipertensión arterial. Provoca de esta manera un efecto deletéreo en el corazón, que se esfuerza en bombear demasiada cantidad de sangre y con una presión demasiado elevada. Sin embargo, la sal no representa el mismo peligro para todo el mundo: con la misma cantidad ingerida, no todo el mundo se vuelve hipertenso. La herencia (¡siempre ella!) condiciona nuestra susceptibilidad individual y se han descubierto genes que favorecen la hipertensión en ciertos individuos. Aunque en toda Europa se consume sal, sabemos que sólo un 15 % de los individuos presenta hipertensión; es más, no todos los casos de hipertensión son graves y no todos requieren tratamiento. Así pues, es bastante creíble que, entre otras causas de la hipertensión, una puede ser que algunos de nosotros seamos genéticamente menos aptos para poder eliminar la sal con ayuda de nuestros riñones.

Suprimir el salero de la mesa

Se trate de genética o no, lo cierto es que las poblaciones de África oriental, que, debido al entorno en el que viven, casi no consumen sal, nunca padecen hipertensión arterial. Cabe ser muy consciente de que los alimentos que comemos ya contienen sodio en proporciones variables y bastan para aportar toda la sal que nuestro organismo necesita. Los alimentos preparados industrialmente contienen cantidades de sal que debemos tener en cuenta: hablamos, por ejemplo, de galletas, conservas, congelados, quesos, dulces... Las aguas minerales también pueden ser ricas en sodio; basta con tener la curiosidad de leer las etiquetas (véase pág. 72). Todo ello implica que haya aportaciones más que suficientes. Así que limitemos entonces lo que se puede limitar fácilmente: no salemos demasiado el agua de cocción, ni los platos y sobre todo... ¡eliminemos los saleros de la mesa!

¿Todos a dieta sin sal?

La dieta estricta sin sal, que a veces es necesaria para los cardiacos y los hipertensos, es difícil de soportar: en estos casos la aportación de sal al día debe ser sólo de 1 g, y comporta una selección cuidadosa de los alimentos. Este régimen sólo se debe hacer bajo prescripción médica y con control médico. La dieta sin sodio no estricta, en cambio, aporta sólo 5 g de sal al día y es fácil de realizar eliminando los alimentos demasiado salados, evitando los productos preparados y las conservas, y controlando correctamente la aportación de sal de cocina, como deberíamos hacer todos.

Recomendaciones para aguantar fácilmente la dieta con poca sal:

— *utilice buenos aromatizadores, que permitan condimentar evitando la búsqueda desenfrenada del sabor con la sal. ¡Haga un sitio a las hierbas, las especias, las legumbres y los frutos aromáticos, los aceites y los vinagres aromatizados!;*
— *evite las conservas, que siempre resultan más saladas que los productos frescos;*
— *dé preferencia siempre a la cocción en olla a presión, en papillote o al vapor, que permite que los alimentos conserven su sabor;*
— *tenga cuidado con la sal escondida: a modo indicativo, la carne y el pescado contienen de 50 a 100 mg de sal por cada 100 g de alimento; el queso, 1 g; una botella de alguna marca de agua mineral 5,2 g... En cambio, las pastas, el arroz y las frutas prácticamente no contienen sal;*
— *¡haga desaparecer el salero de la mesa!*

¡La dieta sin sal no hace adelgazar! Pero realizar un régimen moderadamente salado puede ser muy recomendable para gozar de buena salud, así

que no le pidamos a un régimen lo que no nos puede dar. Concretamente: adelgazar. Al contrario, todos los cardiólogos lo saben, el régimen sin sal más bien estimula el apetito, y la pequeña pérdida de agua del principio de la dieta es fácilmente compensada por la regulación del organismo.

El pan y los cereales

¡Aunque sea un alimento simbólico, debemos tener en cuenta que se trata de pan! La palabra *pan* y todo lo que este representa está en nuestra vida cotidiana: ganarse el pan de cada día, ser bueno como un trozo de pan, quitar a alguien el pan de la boca, etc. Hasta llegar al muy cristiano «pan nuestro de cada día». La historia del pan es similar a la de la evolución del hombre. El hombre, que en un principio se contentaba con gachas, descubrió un buen día, muy probablemente por azar, que, poniendo sus gachas sobre piedras calientes, podía obtener una especie de oblea, más fácil de comer y sobre todo de llevar. Ya en la Antigüedad más temprana se utilizaba levadura en todo el Próximo Oriente para que la pasta subiera, lo que los judíos llamaban «zymi». Esta pasta, que se volvía ligera gracias a la fermentación, no podía ser dedicada a Dios los días de fiesta porque era impura, de ahí la persistencia de la oblea sin levadura, pasta pura, que los cristianos han conservado en el pan ázimo de la hostia sacramental.

Cuando los griegos inventan el horno, nacen las panaderías. Ya en la época de Pericles había 72 tipos distintos de pan. Cabe decir que, hasta finales del siglo XIX, el pan fue el alimento principal de la gente modesta de Europa y especialmente de los franceses, para los que el pan representaba hasta el 90 % de la alimentación (600 g de pan por habitante y día en 1880). Este alimento, compuesto de fibras, aunque no era muy variado, al menos protegía de numerosas enfermedades, y especialmente de las del colon. La revolución alimenticia del siglo XX, que permitió a un mayor número de personas acceder a las proteínas y a las grasas, es sin duda la responsable de enfermedades digestivas específicas, relacionadas con la fermentación (diverticulosis, sigmoiditis y cáncer de colon), además de favorecer otras enfermedades, como la aterosclerosis.

Porque es un hecho: a nuestra alimentación, contrariamente a la de nuestros padres, le falta fibra.

El pan ha cambiado mucho: de pan integral con salvado, de miga gris, ha pasado a ser pan blanco compuesto de harinas aligeradas.

Sin embargo, el salvado es una fuente excelente de fibras alimenticias y estas están relacionadas, por lo general, con nuestra salud.

¿Por qué hay que comer fibra?

Hay muchos tipos de fibras en los alimentos vegetales: las más conocidas son las celulosas y las pectinas. Estas no son absorbidas por el intestino, se hinchan con el agua alimentaria y participan de esta manera en la fabricación de heces más voluminosas, más blandas, lo que permite un tránsito más rápido y mejor regulado.

En resumen, ¡la fibra es un remedio antiestreñimiento! Hay que comer pan integral o pan con salvado.

Otro detalle de importancia: el valor calórico de las fibras es nulo porque no son absorbidas, contrariamente a los azúcares del pan, que aportan, como todos los azúcares, 4 calorías por gramo.

Estas fibras tienen también *una función anticolesterol*; parece que la ingestión de fibras alimentarias modifica el índice de colesterol y de triglicéridos circulantes, impidiendo su absorción intestinal. Por otra parte, *disminuyen también el aumento de azúcar en la sangre* tras la comida, cuyo significado y función son fundamentales en la génesis y la expresión de la diabetes.

Como se puede ver, nuestra alimentación ha cambiado durante el último siglo:

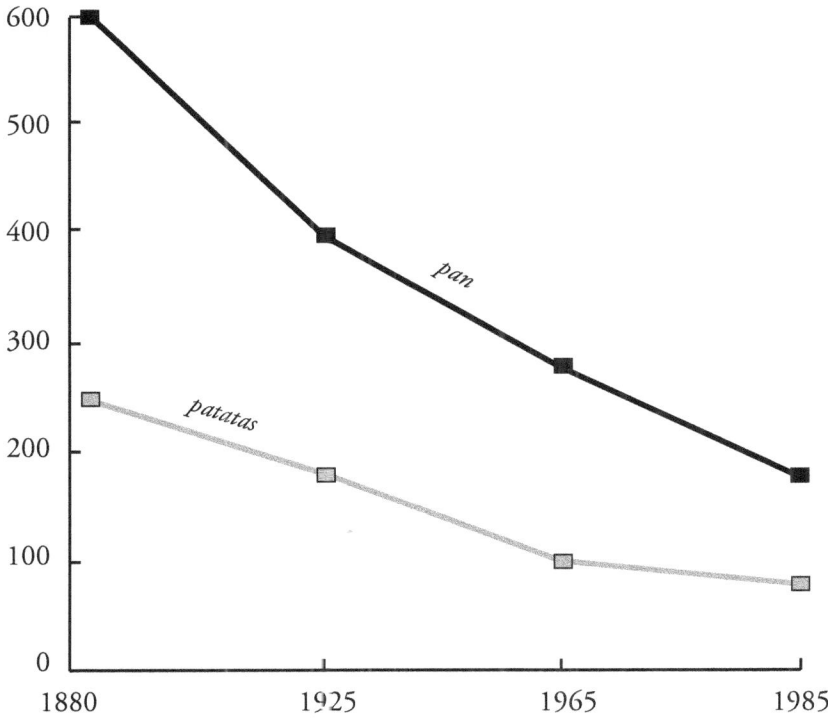

Consumo de pan y de patatas en gramos por día y habitante

La leche y los productos lácteos

La leche

Es el alimento que nos acompaña durante toda nuestra vida, desde que nacemos hasta que morimos; también está íntimamente relacionado con nuestra civilización y sus orígenes bíblicos y antiguos, cuya historia es la de pueblos dedicados al pastoreo. En la cuenca mediterránea tradicional, la leche provenía sobre todo de las cabras y ovejas que se adaptaban a la sequía y se contentaban con hierbas; las vacas, en cambio, más exquisitas, se utilizaban sobre todo como animales de ordeñado y su leche, rara, era el lujo de algunos ricos. La fabricación del queso era, evidentemente, el único medio para conservar la leche en climas calurosos y, desde tiempos inmemoriales, se preparan cuajadas, consomés frescos, como el *tauhem* en Anatolia, el *leskem* de oveja en el Cáucaso o el *bruccio* en Córcega. Más adelante se fueron desarrollando las técnicas de desuerado y de afinación utilizando todas las formas de fermentación. Los galos eran ya en su tiempo célebres por su ingenio en la afinación de quesos y ya por entonces también los Arvernes preparaban el cantal y el roquefort. Sabemos que desde entonces la imaginación ha sido fértil en este terreno en la antigua Galia francesa...

Composición de la leche de vaca (leche entera, variable durante el año)

— *Agua*
— *Glúcidos:* 5% en forma de lactosa (a veces mal soportada por el hombre)
— *Prótidos:* 3,5%
— *Lípidos:* 3,9% (es decir, 36 g/l) en forma de *colesterol* (10 mg por cada 100 ml) y triglicéridos constituidos esencialmente por *ácidos grasos saturados* en largas cadenas y que contienen pocos ácidos grasos poliinsaturados (protectores)

— *Vitaminas:* todas las vitaminas se encuentran presentes en la leche (excepto la B_{12})

La leche es rica en *materias minerales* y en *oligoelementos*.

La leche entera es rica en grasas saturadas y en colesterol, por lo tanto se desaconseja tomarla. Es preferible la leche desnatada o semidesnatada, sin apenas materias grasas.

Concentración en grasas de las diferentes leches (g/100 ml):
— Vaca (leche entera): de 3,5 a 3,9
— Vaca (leche desnatada): 0,1
— Oveja: 6,9
— Cabra: 4,8
— Búfala: 7,5 (mozzarella)

Los quesos

Se componen de leche, y por lo tanto contienen todos los elementos de manera concentrada. En estas condiciones, es fácil de entender que debemos ser prudentes en su consumo.

De hecho, el contenido en grasas de los quesos puede ser muy variable, porque pueden ser fabricados con leche entera, leche más o menos descremada, o incluso leche enriquecida por adición de crema. Así, distinguimos:

— *quesos magros*, que contienen como máximo un 20-25 % de materias grasas: pueden ser de pasta blanda, fundidos o cremosos, tipo el de Burgos o el requesón;
— *quesos grasos* (más del 40 % de materia grasa), estos son los quesos frescos, los petit-suisses al 40 %, quesos de pasta blanda, algunos quesos fermentados, los de cabra, los azules y algunos tipo camembert;

— *quesos extragrasos* (más del 45% de materia grasa), son los camembert, emmental, gruyer, cantal, revolcón, cabrales, manchego;
— *quesos de doble crema* (más del 60% de materia grasa), son los petit-suisses al 60% y el Caprice des Dieux, entre otros;
— *quesos triple crema* (más del 75% de materia grasa), es el caso del queso fontainebleau.

¿Qué indica la etiqueta del queso? Informa sobre la proporción de materias grasas del queso en relación con la cantidad de materia seca.

Un queso al 45%, si tiene un 50% de agua, sólo contiene en realidad un 22,5% de lípidos en su peso total, por tanto, con la misma cantidad ingerida, los quesos de pasta dura, como el gruyère, aportarán mucho más lípidos que los quesos de pasta blanda.

Así pues, hay que restringir el consumo de queso exceptuando el de quesos magros y yogures (a poder ser, desnatados).

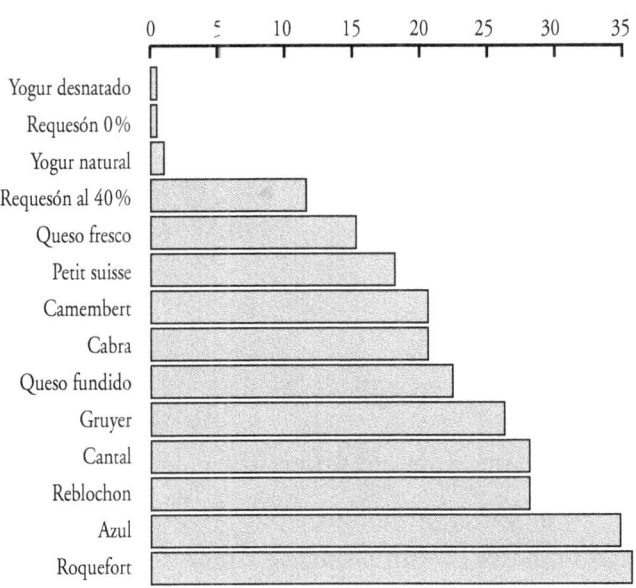

Contenido en lípidos de algunos quesos en g/100 g

¿Qué pensar de las conservas y los congelados?

Conservar los alimentos ha sido siempre una gran preocupación para el ser humano. Nuestra época, a pesar de que es fácil encontrar productos frescos durante casi todo el año gracias a la mejora de los medios de transporte, se caracteriza por ser especialmente inventiva en nuevos medios de conservación. ¿Qué deberíamos pensar?

La conservación con sal

Naturalmente, es la más antigua. Sigue utilizándose para la conservación de charcutería y pescado. Este poder de la sal con concentración suficiente está vinculado a su extrema solubilidad en el agua, que hace que toda el agua ambiente no sea apta para la proliferación de microbios. Estos necesitan, como todos los seres vivos, agua para desarrollarse, y si toda el agua es utilizada por la sal, no pueden reproducirse. Pasa lo mismo con *el azúcar*: confituras muy azucaradas pueden conservarse indefinidamente, como mucho sufriendo algunos mohos (hongos) que vegetarán en la superficie. Por supuesto, el consumidor tendrá que soportar el exceso de sal o de azúcar y asegurar la dilución con la bebida cuando deguste ese magnífico jamón o esas mermeladas de la abuela. ¡No hace falta decir que este tipo de alimentos conservados en sal son formalmente desaconsejados para los hipertensos!

Las conservas en lata o la esterilización

El francés Nicolas Appert descubrió en 1801 un modo de conservación por calor que permitía conservar los alimentos y especialmente las legumbres y verduras en botes de vidrio o latas. La elevación de la temperatura y la conservación a resguardo del aire permiten obtener alimentos de calidad sin ningún tipo de microbios. El valor nutritivo de las conservas es bueno y mantienen bastante bien el contenido en vitaminas (su invención permitió evitar el escorbuto por carencia de vitamina C), sobre todo desde que los tratamientos térmicos modernos permiten obtener una alta temperatura en poco rato.

Precauciones que se deben tomar con las conservas:
— *no abra jamás una lata deteriorada;*
— *consuma el producto inmediatamente tras haber abierto la lata;*
— *sepa que la conserva siempre es más salada que el producto fresco.*

La pasteurización

Estudiando las alteraciones del vino y de la cerveza, Pasteur descubrió que calentar el producto moderadamente permitía obstaculizar el desarrollo de los microorganismos responsables.

El interés del proceso consiste en que no modifican las características fisicoquímicas del producto, y tampoco lo esteriliza: lo único que hace es estabilizarlo. Todos sabemos que la leche es un alimento que rápidamente caduca, y que a veces es portadora de gérmenes muy peligrosos (salmonelas), que pueden desarrollarse velozmente en ese «fruto de nuestra cultura». La pasteurización permite una conservación de una semana en frío (entre 4 y 8 °C) sin modificar realmente su sabor y su poder nutricional (concretamente, la mayoría de las vitaminas se conservan).

Actualmente, el procedimiento se ha mejorado gracias a la homogeneización y la esterilización UHT (ultra-alta temperatura), asociadas a la conservación en cajas de cartón opacas. Así, la duración de la conservación aumenta, pero el sabor y el contenido son limitados.

Pasteurización y quesos: todos los estudios lo confirman, la palabra «pasteurizado» no es muy relevante en lo que concierne a un queso para los consumidores. Sin embargo, la mayoría de los quesos están hechos a partir de leche pasteurizada. Aun así, el camembert con leche entera mantiene todo su valor (en el sentido material de la palabra y también en el figurado); es frágil y requiere mucho control. Como todos los derivados de la leche entera, tiene que ser consumido con prudencia porque es rico en materia grasa de origen animal.

La deshidratación o liofilización

Secar el pescado es uno de los métodos más antiguos de conservación. Como hemos dicho, las bacterias necesitan agua para poder desarrollarse... El periodo industrial mejoró el proceso ancestral con la aparición del secado en vacío y después la liofilización, en que el alimento se congela primero para facilitar su posterior desecación. El resultado es bueno, ya que permite conservar los sabores y también un transporte y almacenamiento fáciles sin refrigeración. La leche (en polvo), las legumbres para potajes, el puré de patatas y el café a menudo se conservan de esta manera.

La conservación en frío

Es evidente que los alimentos se conservan mejor en una buena nevera que a temperatura ambiente. La razón es sencilla: las reacciones químicas de los organismos (dirigidas por las enzimas) se ralentizan mucho. Cuidado, no es que se paren; a algunos microbios les gusta incluso el fresco, ¡y acabarán estropeándonos el alimento!

La congelación es diferente porque los alimentos congelados descienden rápidamente a una temperatura de −50 °C (a veces menos) y se conservan a −18 °C. Con tanto frío, no es posible ninguna proliferación de microorganismos y la conservación es indefinida, a condición, naturalmente, de que en ningún momento se interrumpa esta cadena de frío.

¡Todo alimento descongelado tiene que ser consumido inmediatamente y nunca debe congelarse de nuevo!

La calidad de los productos congelados es buena: la conservación de las vitaminas es satisfactoria y el valor nutritivo es excelente.

En el plano del sabor, el resultado depende de la calidad del producto inicial, pero también de la calidad y, sobre todo, de la rapidez de la técnica de congelación. Así pues, ciertas «congelaciones domésticas» no dan resultados muy fiables; los alimentos ricos en agua, especialmente, pueden tornarse insulsos y esparcirse en un charco poco apetitoso cuando se descongelan.

Seamos claros: ¡aunque los productos congelados pueden resultar muy útiles en nuestra vida diaria, está claro que no pueden, como norma, ser tan buenos como los productos frescos! La alta cocina no se hace de productos congelados, aunque ello pueda disgustar a los vendedores de microondas. ¡Podemos alimentarnos con ellos, eso sí, lo cual ya es importante!

La conservación química o el pánico a los E

Un cierto número de compuestos químicos se utilizan en los alimentos de venta para limitar la proliferación de microbios. Se trata, por ejemplo, del ácido sórbico (E-200), el disulfito de potasio (E-223 y 224) o el anhídrido sulfuroso (E-220); este último se utiliza mucho para la conservación de vinos, cervezas o zumos de frutas. Como en el caso de los colorantes, estos agentes conservadores responden a normas europeas (E) y su uso es reglamentado.

¿Son peligrosos? Si la dosis es importante, sí. En las dosis habituales, podemos temer ciertas intolerancias. A muy largo plazo, es difícil llevar a cabo un juicio absoluto. Diríamos que se trata de un mal necesario, favorecido por las modas: el azúcar da miedo porque hace engordar, así que se fabrican confituras sin azúcar. Pero, como hemos apuntado, sin cierta concentración de sacarosa, los gérmenes se desarrollarán; por eso se añade E-200, E-201 y E-202, de este modo se ponen en remojo las frutas y se propone al consumidor un producto cuyo sabor aprecia pero que no es bueno para su salud.

Las salsas

Las salsas representan la parte esencial de la cocina. Desde siempre, las amas de casa y cocineras han hecho gala de una imaginación muy fértil para innovar o acomodar las sobras con el objetivo de hacer que los platos fuesen sabrosos y variados.

Evidentemente, sería difícil privarse definitivamente de las salsas, la cocina perdería su «sal»; sin embargo, es necesario suprimir las salsas demasiado ricas, que clasificaremos bajo la etiqueta de los productos prohibidos, y seleccionar las salsas toleradas e incluso indispensables, ya sean calientes o frías.

Las salsas serán muy concentradas y muy «desnudas».

Por lo que respecta a las salsas calientes, emplearemos principalmente jugos de carne y caldos de verduras u hortalizas, condimentados con *coulis*, pulpas de verduras u hortalizas o eventualmente requesón sin materia grasa. La crema y las mantequillas que además contengan harina están prohibidas.

Por lo que respecta a las salsas frías, las bases serán:

— vinagretas compuestas;
— emulsiones de aceites aromatizados; con hierbas frescas y pulpas de hortalizas;
— *coulis* de hortalizas o verduras, simplemente mezclados y sazonados.

Salsas y *coulis* calientes

Autorizados	Prohibidos
— jugo de carne reducido desgrasado; — jugo de pescado; — caldo de hortalizas aromatizadas; — *coulis* de hortalizas, salsa de tomate, salsa de pimiento…; — *coulis* de marisco, salsa de ostras, salsa de mejillones.	— holandesa; — bearnesa; — salsa montada con mantequilla; — salsa con crema; — salsas que tengan yema de huevo; — bechamel.

Salsas y *coulis* fríos

Autorizados	Prohibidos
— vinagreta compuesta; — *ravigote* virgen; — emulsión de aceite aromatizado condimentado con *coulis* de hortalizas o de hierbas frescas; — requesón al 0 % batido con hierbas; — *coulis* de hortalizas o verduras (tomates…); — *coulis* de hierbas.	— mayonesa; — tártara; — *gribiche;* — todas las salsas a base de yema de huevo y de crema.

LAS BASES DE LAS SALSAS

El jugo de carne

Ase la carne elegida (ternera, pollo o conejo) con un poco de aceite de oliva y una buena guarnición aromática (zanahorias, chalotes, laurel, ajo, etc.).

Durante la cocción, añada varias veces una o dos cucharadas soperas de agua. Una vez esté cocida la carne, vierta el jugo en una pequeña cacerola que conservará en frío, con el fin de que la grasa que se haya desprendido durante la cocción suba a la superficie y se cuaje en contacto con el frío. Una vez haya retirado esta capa cuajada, habrá obtenido un jugo gustoso y muy bien desgrasado.

El *fumet* o caldo de pescado

Compre:

— 1 kg de espinas de pescado (lenguado, rodaballo, barbada...);
— las hojas de 3 puerros lavados y cincelados, 4 chalotas en tajadas, 1 cabeza de ajo, 30 g de perejil, tomillo, laurel.

Método:

— coloque las espinas en una cacerola y remójelas en agua fría. Póngalas a hervir. Añada condimentación aromática. Deje cocer el conjunto durante 30 minutos removiendo para obtener un *fumet* límpido. Filtre a través de una tela fina y reduzca a tres cuartos para obtener un *fumet* concentrado.

El *fumet* de pescado sirve para la cocción de pescados y la preparación de salsas.

Los *coulis* o caldos de hortalizas y verduras

Coulis **de tomates crudos**
1 zumo de naranja
1 cucharada sopera de jerez

Sal, pimienta

1 kg de tomates crudos cortados por la mitad, en tajadas y salados con sal gorda

Escurra los tomates durante un día sobre un paño fino y luego mézclelos y tamícelos. Consérvelo en frío.

Coulis de tomates cocidos

1 diente de ajo

Ramitas de tomillo

1 dl de aceite de oliva

1 kg de tomates bien escurridos, como se ha indicado antes

Póngalos a cocer con el diente de ajo machacado y 1 dl de aceite de oliva. Mezcle, tamice y consérvelo en tarros de vidrio en frío.

Coulis de hierbas

200 g de espinacas

100 g de perejil

100 g de acedera

Todas estas hierbas tendrán que ser bien escogidas, lavadas, escaldadas con agua hirviendo y enfriadas con agua fría. Una vez bien escurridas, mézclelas y páselas por el tamiz. Conserve el *coulis* en botecitos en frío.

Coulis de pimientos

1 kg de pimientos rojos o verdes, a su gusto

Hornéelos, y luego lávelos con agua corriente para quitarles toda la piel. Retire el pedúnculo y todos los granos del interior. Póngalos a cocer a fuego lento tras haberlos triturado con 1 dl de agua y una pizca de sal. Deje que se haga una compota (cociéndolos a fuego muy lento) durante una hora, escúrralos y páselos por la batidora. Consérvelo en botecitos en frío.

Es absolutamente necesario quitar la piel y los granos de los pimientos para una buena digestión.

Coulis de hortalizas o verduras: zanahorias, apio, remolacha o puerros
Cueza las hortalizas escogidas al vapor. Mézclelas y páselas por el tamiz fino.

Sazónelas a su gusto, y luego añada 1 dl de aceite aromatizado y consérvelas en frío. Servirán para la confección y la conjunción de diversas salsas.

Se puede proceder de la misma manera con otras verduras u hortalizas.

Las vinagretas

Por 1/4 de litro:

1 cucharada sopera de mostaza
2 cucharadas de vinagre a su elección
6 cucharadas soperas del aceite elegido
Sal, pimienta

Esta salsa es muy fácil de hacer, pero mencionemos un pequeño truco: hay que añadir la sal y la pimienta a la mostaza y el vinagre desde el principio. De esta manera, se fundirán rápidamente y podremos corregir el sazonado en caso necesario. La elección del vinagre es importante. Se puede utilizar de jerez, de vino, aromatizado al estragón, a la frambuesa... También se suele utilizar bastante el zumo de limón. Evite los vinagres de alcohol (demasiado agresivos para la digestión). Dejamos la mostaza y el aceite a su elección (puede utilizar aceites aromatizados). Aquí tiene algunas recetas. Le toca a usted imaginar otras (a las hierbas, *ravigote*...).

Salsa vinagreta al estilo de Niza
1 cucharada sopera de vinagre de jerez
1/2 pimiento rojo
50 g de aceitunas (a ser posible de Niza) deshuesadas
10 hojas de albahaca
2 dl de aceite de oliva

1 pizquita de ajo fresco finamente picado
Pimienta

Pele el pimiento con un cuchillo de pelar verduras. Córtelo en daditos muy pequeños, añada el ajo picado, el vinagre y la pimienta. No sale, hay suficiente con las aceitunas para sazonar esta salsa.

Monte con el aceite de oliva, añada las aceitunas, luego la albahaca triturada justo antes de servir (si la pone antes, se oxidaría y ennegrecería).

Salsa vinagreta ácida

1 naranja
1 limón amarillo
1 dl de aceite de oliva aromatizado con especias
1 cucharada sopera de perejil picado
Sal, azúcar
1 pizquita de cayena
2 cucharadas soperas de requesón al 0 %

Pele la naranja y el limón, escalde las cáscaras y después enfríelas. Vuelva a realizar la operación dos veces para quitar la acidez. Pique las cortezas. Vierta el zumo de naranja y de limón en una cacerola pequeña. Haga reducir hasta concentrar, añada las cortezas (quedan 2 cucharadas soperas). Deje enfriar, añada requesón, monte el conjunto con aceite de oliva, añada una pizca de cayena y el perejil picado.

Esta salsa es adecuada para los espárragos, los puerros y los pescados al vapor.

Las emulsiones

Emulsiones de aceites

Actualmente se utilizan mucho en la cocina, gracias a la evolución de los utensilios de cocina (batidoras), que permiten obtener salsas ligeras que tienen aspecto de crema. Se pueden variar infinitamente. Son fáciles de realizar. Es necesario un cuerpo seco, uno graso y algún enlace (clara de huevo). Así escapamos de las yemas de huevo indispensables en las mayonesas y las holandesas. Con esto no hay ni una mínima huella de colesterol. Se pueden variar cambiando los aceites y los *coulis* de verduras u hortalizas.

Emulsión de aceite aromatizado

Para cuatro personas:

1 clara de huevo
2 dl de aceite especiado o aromatizado
Sal, pimienta, una pizca de cayena
1 zumo de limón

En la batidora, coloque la clara de huevo y añádale sal, pimienta, cayena y zumo de limón. Emulsione suavemente añadiendo aceite progresivamente. Ponga la batidora a alta velocidad. Acabe de verter el aceite. Corrija el sazonado. Añada en el último momento 1 cucharada sopera de agua caliente. Esta salsa siempre tiene que hacerse en el último momento. Está indicada para acompañar pescados, verduras o carnes escalfadas.

Salsa emulsionada con ostras

4 ostras especiales
1 clara de huevo
1 limón
2 dl de aceite especiado
1 cucharada de curry
1 pizca de cayena

Abra las ostras. Hágalas cocer 2 minutos con el zumo de limón y el curry. Colóquelo todo en la batidora. Añada la clara de huevo y la cayena a poca velocidad. Vierta un poco de aceite y, cuando empiece a compactarse la emulsión, ponga la batidora a alta velocidad y, acabe de echar el aceite. Salsa de acompañamiento para ostras, crustáceos, pescados escalfados o cocidos al vapor.

Salsa emulsionada con azafrán

2 tomates

2 dl de aceite aromatizado

1 pizca de azafrán en polvo

1 cucharada sopera de vinagre

1 clara de huevo

Sal

Lave los tomates, córtelos en dos en sentido vertical, extraiga las pepitas, póngalos en la batidora con todos los ingredientes; utilice el mismo principio que anteriormente para batir.

Salsa para pescados, crustáceos y verduras u hortalizas.

Salsa emulsionada con acedera

5 hojas de acedera

3 dl de aceite especiado

Sal, pimienta, polvo de cayena

1 clara de huevo

Lave y limpie la acedera. Bátala junto con el resto de ingredientes, siempre siguiendo el mismo principio que ya hemos comentado. En el último momento, añada una cucharada de agua caliente para fijar la emulsión.

Salsa emulsionada con jugo de carne

2 cucharadas soperas de jugo de carne reducido

1 cucharadita de vinagre de vino

Sal, pimienta

1 clara de huevo

2 dl de aceite aromatizado al estragón

Caliente el jugo de la carne, viértalo en la batidora, sazone y añada la clara de huevo.

Bata siguiendo el mismo principio que en la receta anterior.

Va bien con las carnes frías y asadas.

Salsa emulsionada con vino

1/4 de litro de vino

1 pizca de azúcar

Sal, pimienta

1 cucharadita de vinagre de vino

1 clara de huevo

2 dl de aceite neutro

Vierta el vino en una cacerola pequeña, añada el azúcar. Haga reducir hasta obtener 2 cucharadas soperas de reducción, añada vinagre, sal y pimienta. Bata el conjunto. Añádale la clara, vuelva a batir como antes.

Va bien con los espárragos y los puerros escalfados.

Otras ideas para salsas

Salsa virgen

1 zumo de limón amarillo

2 dl de aceite de oliva

2 tomates

1 cucharada sopera de alcaparras

1 cucharada sopera de cebolleta en lonchas

Sal, pimienta

Sumerja los tomates en agua hirviendo y después fría con el fin de pelarlos. Realice esta operación rápidamente. Corte en dos los tomates en sentido vertical. Saque las pepitas, triture la pulpa y colóquela en una fuente. Aliñe con sal, pimienta y limón. Haga montar el conjunto con aceite de oliva. Justo antes de servir, añada las alcaparras y la cebolleta.

Esta salsa va muy bien con los pescados pasados por la sartén y hortalizas y verduras cocidas al vapor.

Salsa caliente con ostras

12 ostras especiales grandes y un poco grasas

1 cucharada sopera de leche desnatada en polvo

Ábralas delicadamente y guarde el agua, que luego filtrará a través de una tela fina. Cueza las ostras sin las cáscaras, escalfándolas de 2 a 3 minutos en su agua filtrada. Bata las ostras sazonándolas o con curry o con pimienta o simplemente al natural. Añada una cucharada sopera de leche desnatada en polvo para que la salsa se vuelva más untuosa. Conserve la salsa caliente.

Esta salsa tiene que hacerse en el último momento porque no se conserva.

Caldo de hortalizas y verduras
1 dl de aceite de oliva
2 puerros
2 zanahorias
1 cabeza de ajo
1/4 de litro de vino blanco seco
1 hinojo
4 tomates frescos
Colas de perejil u otras hierbas para potaje según su gusto

Limpie y lave las verduras, trocéelas. Póngalas a estofar con aceite de oliva sin que cojan color. Añada vino blanco y remueva, haga reducir el caldo al máximo y luego añádale 1 litro de agua. Deje todo en cocción durante 30 minutos. Filtre con una tela prensando bien las verduras, luego desgrase y haga reducir 2/5 partes.

Consérvelo en frío en botes durante 2 o 3 días.

Este caldo de verduras y hortalizas permite cocer diferentes pescados. También puede servir de base para salsas muy ligeras aromatizadas con hinojo, comino, jazmín, etc. Será suficiente con hacer reducir el caldo a estado almibarado y añadirle en el último momento o bien una cucharada de *coulis* de verduras, o una cucharada sopera de leche desnatada en polvo, lo que hará que su salsa quede compactada y suntuosa.

Las verduras, hortalizas y legumbres

Forman parte de nuestra alimentación diaria desde siempre. Los hombres prehistóricos garantizaban su subsistencia cazando, cogiendo bayas y desenterrando bulbos. Con el fuego, pudieron hacer las primeras sopas. La aparición de la agricultura con la cultura de los cereales es muy contemporánea a dos hechos fundamentales en la historia: el sedentarismo (fin de los nómadas) y el comercio.

Los transportes modernos permiten obtener verduras y hortalizas frescas prácticamente durante todo el año. Antes, nuestros antepasados tenían que contentarse en invierno y primavera con legumbres secas. Pero es preferible consumir frutas y verduras durante su temporada y que hayan madurado donde deben. Están más sabrosas y son más ricas en vitaminas si han crecido al sol que si han crecido en un invernadero.

Las verduras, hortalizas y legumbres secas son ricas en vitaminas, algunas tienen más fibras o hierro, magnesio o cuerpos esenciales que otras, pero todas son buenas, no contienen o contienen pocos lípidos saturados y aún menos colesterol.

Podemos degustarlas crudas o cocidas, naturales o condimentadas.

Pero... *¿y fritas?* Cuidado con la técnica de cocción... Las verduras fritas, como todas las frituras, no se recomiendan. El aceite de fritura, como hemos visto, es absorbido por el alimento hasta un 50%, y a menudo este aceite contiene una gran proporción de ácidos grasos saturados, ¡que le dan su estabilidad en caliente!

Las verduras y hortalizas también pueden ser reducidas para hacer *coulis* y servir de esta manera para la confección de diferentes salsas. Ya lo hemos visto en el capítulo sobre las salsas.

Los entremeses y los entrantes

Antes, en los menús típicos para una comida, el entrante solía llegar en tercera posición, tras los entremeses (o el potaje) y el pescado. Precedía al asado y podía ser frío o caliente.

La evolución de los hábitos nos empuja a la simplificación. Todos estos platos se encuentran a menudo reducidos en la cocina moderna, que busca sobre todo limitar el número de servicios... El entrante ahora es el primer plato del menú. Puede ser frío o caliente, pero tiene que ser considerado como fuera del menú y tiene como función abrir el apetito. También lo podemos encontrar como una tapa de aperitivo en forma de verduras en escabeche, marisco o entrantes calientes en poca cantidad.

Una gran elección de alimentos es posible para apaciguar el hambre e introducir después el plato principal. Citaremos los potajes, las ensaladas, las verduras aliñadas en crudo, las frutas (aguacate o melón), las hortalizas (espárragos, puerros), los embutidos, el foie gras, los pescados calientes o fríos, el marisco, los crustáceos...

Todas las sopas, todos los potajes son aconsejables, si no son demasiado saladas.

Todas las ensaladas, cuyo aliño comporte un aceite insaturado y todas las verduras aliñadas en crudo con salsa vinagreta abren grandes posibilidades de composición.

El melón y ciertas frutas son agradables en verano, no siempre es necesario que se acompañe con vino de Oporto para estar bueno... (véase la receta del melón al anís con menta). No contiene grasas ni colesterol.

¿Qué debemos pensar del aguacate? El aguacate es relativamente un recién llegado a nuestra mesa. No hace falta estar muy ducho en la materia para imaginarse que es graso: en efecto, es una fruta oleaginosa que contiene de un 18 a un 20 % de lípidos y cuyo aspecto calórico es muy elevado (alrededor de 210 calorías por 100 g). Los lípidos que contiene son esencialmente monoinsaturados (entre 60 y 70 % de ácido oleico, el del aceite de oliva), también contiene ácidos grasos poliinsaturados (de un 10 a un 15 %) y saturados (de un 10 a un 15 %). Su consumo, por tanto, es posible teniendo en cuenta, sin embargo, que si le añadimos mayonesa y gambas, ¡se torna riquísimo en colesterol y por tanto deberíamos privarnos! Por otra parte, debemos mencionar que es rico en vitaminas A y C.

Los pescados pueden lograr que los entrantes sean brillantes; más adelante desarrollaremos el buen concepto que tenemos de ellos y de los productos del mar en general. Así pues, son bienvenidos a esta parte de la comida.

Los crustáceos y el marisco son platos laboriosos, y su precio hace de ellos una comida de excepción. Es cierto que contienen un poco de colesterol, pero sería triste privarse de ellos cuando se presenta la ocasión de degustarlos… Proponemos aquí algunas recetas para ponerlos como entrante y, por supuesto, como plato principal.

Hay que evitar *los embutidos* en todas sus formas, así como *el foie gras*, que aportan mucho colesterol y ácidos grasos de origen animal.

MELÓN AL ANÍS CON MENTA

Para 4 personas:
4 melones de 300 g

1 cucharada sopera de alcohol anisado
1 cucharadita de miel neutra
1 ramita de menta

Preparación:
Corte los melones en dos en sentido vertical. Saque las pepitas y luego, con la ayuda de una cuchara, retire la pulpa y haga virutas. Consérvelas en una fuente en frío, rociadas con anís y con un poco de miel.

Presentación:
Sírvalo en copas heladas. Espolvoree con hojas de menta cinceladas.

ESTOFADO DE VERDURAS AL CILANTRO

Para 4 personas:
2 zanahorias
2 calabacines
12 cebollas nuevas
3 blancos de puerro
2 alcachofas
1/2 coliflor
1 cucharada sopera de granos de cilantro
1 cucharada sopera de uvas pasas amarillas
2 dl de vino blanco seco
2 dl de aceite de oliva
1 rama de menta
1 limón
Sal, pimienta

Preparación:
Pele las zanahorias y córtelas en juliana grande. Limpie los calabacines y haga pelotitas. Pele las cebollas nuevas dejando un poco de tallo. Corte el blanco de los puerros en trozos biselados. Destalle la coliflor en pequeños manojos; sancoche durante 2 minutos y después enfríelos. Quédese sólo con el fondo de las alcachofas, quíteles la pelusa y córtelas en 6 u 8 trozos. Páselas rápidamente por el zumo de limón. Todas las verduras tienen que estar cortadas, limpias y lavadas. En una sartén honda para saltear, coloque en el fondo las alcachofas, la coliflor y luego los puerros y los calabacines con el cilantro. Añada aceite de oliva y póngalas a fuego vivo durante 5 minutos. Luego añada vino blanco, salpimiente y añada la juliana de zanahorias y las pasas. Tape la sartén y deje que cueza a fuego vivo durante 5-7 minutos para después apagar el fuego y dejar reposar media hora.

Presentación:
En una fuente no muy honda, coloque todas las verduras armonizando los colores y eliminando aquellas que se hayan roto. Decore con hojas de menta y granos de cilantro. Sirva este plato ligeramente tibio. No lo ponga en la nevera.

FONDOS DE ALCACHOFA DE GRENOBLE

Para 4 personas:
4 alcachofas
100 g de judías verdes extrafinas
1 zanahoria grande
100 g de apio-rábano
100 g de carne de nuez
1 loncha de jamón de Parma o serrano (grosor de 3 mm)
1 dl de aceite de nuez
1 cucharada sopera de vinagre de jerez

1 corazón de lechuga
2 limones amarillos
Sal, pimienta

Preparación:
Saque los fondos de las alcachofas con la ayuda de un cuchillo muy afilado, y luego páselos rápidamente por un zumo de limón para evitar que se ennegrezcan. Cuézalos en 1/2 litro de agua hirviendo salada, añada el zumo de limón y una cucharada sopera de aceite de nuez, durante 15-18 minutos; déjelos en el agua de cocción una vez cocidos. Quite el rabillo a las judías verdes, lávelas y cuézalas con agua hirviendo muy salada, *al dente*; después, enfríelas y escúrralas sobre algún trozo de tela. Pele el apio y la zanahoria, y corte estas verduras en juliana de unos 8 cm de largo por 3 mm de grosor; cueza la juliana con agua salada durante 5 minutos; escúrrala pero no la enjuague. Corte en rodajas las carnes de nuez, y el jamón de Parma en juliana. Haga una vinagreta con una cucharada sopera de vinagre, sal, pimienta y añada 3 cucharadas soperas de aceite de nuez. Lave las hojas de lechuga y después escúrralas, escurra los fondos de las alcachofas, quíteles la pelusa y sumérjalas en la vinagreta. Condimente las judías y la juliana por separado con la vinagreta.

Presentación:
Repartir por el centro y de manera agradable sobre los platos las hojas de lechuga. Coloque un fondo de alcachofa y luego haga una pirámide alternando las judías verdes, la juliana de apio, luego la de zanahorias, el jamón de Parma y, por último, las nueces.

VICHYSSOISE DE OSTRAS

Para 4 personas:
30 ostras especiales número 2 o 3

200 g de acedera
2 cucharadas soperas de leche en polvo desnatada
1 limón
Pimienta

Preparación:

Abra las ostras o haga que se las abran en su pescadería habitual. Pase los moluscos por un colador; compruebe que no quedan restos de cáscaras y filtre el jugo de las ostras con una tela fina. Consérvelo en frío.

Lave y escurra la acedera, deje que se seque bien y guarde 3 hojas bonitas para cortarlas después en juliana. Cueza la acedera al vapor sin materia grasa y añada 2 cucharadas soperas de jugo de ostras y la leche desnatada. Añada a esta cocción 6 ostras, haga hervir durante dos minutos y luego bátalo todo a alta velocidad. Páselo luego todo por el colador chino tamiz fino. Manténgalo en calor sin que llegue a hervir.

Escalfe las 24 ostras restantes en su jugo durante 5 minutos con poco hervor, escúrralas sobre una tela.

Presentación:

Coloque las ostras en platos hondos, luego cúbralas con la *vichysoisse*, una pizca de pimienta y decore con julianas muy finas de acedera cruda. Añádales un chorrito de zumo de limón.

POTAJE FRÍO: GAZPACHO

Para 4 personas:
1 pepino
1 pimiento rojo
300 g de tomates bien maduros
3 yogures naturales
1 dl de aceite de oliva
1 dl de vinagre de jerez
1 zumo de naranja
4 rodajas de pan de molde
Sal, azúcar, cayena

Preparación:
Pele el pepino y córtelo en dos a lo largo, quite los granos con ayuda de una cuchara y espolvoréelo con sal. Pele el pimiento rojo, sáquele el pedúnculo y los granos. Lave, seque y luego corte los tomates por la mitad en horizontal de manera que pueda extraer las pepitas presionando ligeramente. Corte en daditos de 0,5 cm^2, 1/2 pepino y 1/2 pimiento. Consérvelos en un plato en lugar fresco. Enjuague y seque el resto del pepino y córtelo en 4 trozos. Corte el resto del pimiento en varios trozos. En una batidora, ponga los trozos de pepino, pimiento, tomate, los 3 yogures, una pizca de cayena y bátalo todo a alta velocidad. Añada el vinagre de jerez, el zumo de 1/2 naranja y el aceite de oliva. Continúe batiendo durante unos 4 o 5 minutos. Pase esta preparación por el chino tamiz. Conserve este gazpacho en frío en una sopera. Corte las rodajas de pan de molde en cubos de 1 cm tras

haber quitado la corteza y páselos rápidamente por la sartén con un poco de aceite de oliva.

Presentación:
Presente el gazpacho en un plato hondo o en un bol de consomé; reparta los daditos de verduras y sirva los tropezones de pan por separado.

SOPA DE TOMATES A LA ALBAHACA

Para 4 personas:
1 kg de tomates bien maduros
300 g de patatas tipo Bintje

1 manojo de albahaca
1 dl de aceite de oliva
200 g de cebollas
1 cabeza de ajo
1 ramita de apio
Sal gorda, pimienta

Preparación:
Lave, seque y corte los tomates por la mitad horizontalmente y presiónelos ligeramente para extraerles las pepitas. Pele las patatas y lávelas. Pele y corte en pedazos grandes las cebollas y el ajo. Limpie y lave el apio y la albahaca. En una olla, caliente el aceite de oliva, sin coloración, las cebollas y el ajo. Agregue las patatas cortadas en gruesas rodajas, los tomates y el apio. Deje cocer al vapor durante 10 minutos removiendo a menudo, luego añada 1 litro de agua, sale con una cucharilla de café utilizando sal gorda, hágalo hervir todo, quite la espuma y deje cocer tapando la olla a fuego lento durante una hora. Pase la sopa por la batidora y añádale en el último momento las hojas de albahaca porque el hecho de batirlas a última hora evita su oxidación y permite desarrollar al máximo el sabor de la albahaca. Rectifique el aliño si es necesario.

Presentación:
Presente este plato en una sopera y sírvalo muy caliente, con una guarnición o tropezones de pan, o con pasta cocida en agua.

CREMA DE PUERROS CON VIEIRAS

Para 4 personas:
10 vieiras
3 puerros grandes
1 cucharada sopera de crema de arroz o de maicena

1 dl de aceite de oliva
Pimienta

Preparación:
Lave y pele los puerros conservando todo lo que pueda del verde; córtelos finamente, sancoche 3 minutos en agua hirviendo, enfríelos y acábelos de cocinar en 1/2 litro de agua salada. Deje reposar la cocción tapada durante unos 15 minutos. Pase esta preparación por la batidora a alta velocidad e incorpore las vieiras y el aceite de oliva. Pase por el chino tamiz muy fino y rectifique el sazonado. Diluya la crema de arroz o la maicena en un poco de agua y añádala. Esta crema tiene que ser muy untuosa, sin llegar a ser espesa, no la haga hervir más.

Presentación:
Corte en 3 láminas cada vieira y colóquelas en el fondo de una sopera caliente, ponga un poco de pimienta y vierta delicadamente la crema, que debe estar muy caliente. Tápela y espere 5 minutos antes de servir.

PASTILLA MARROQUINA DE ATÚN CON ALBARICOQUES SECOS

Para 4 personas:

300 g de atún fresco	1/2 pimiento rojo
20 g de pistachos pelados	2 dl de aceite de oliva
1 rama de albahaca	8 hojas de brik
50 g de albaricoques secos	2 limones amarillos
50 g de aceitunas deshuesadas	Sal, pimienta

Preparación:
Corte el atún en cubos grandes de 2 cm de grosor. Corte los albaricoques secos. Ponga a marinar el atún con los albaricoques secos y la albahaca 1 hora antes de la cocción en el zumo de 1/2 limón con una cucharada de aceite de oliva y consérvelo en frío. Pele el pimiento rojo con el mondador, córtelo en daditos de 0,5 cm. Corte las aceitunas en rodajas y déjelas en un plato. Encienda el horno y sitúe la temperatura en el 8. Doble las hojas de brik, luego córtelas en círculos de 25 cm de diámetro para tener 4 obleas y colocarlas bien planas sobre una tela. Divida la marinada de atún y de albaricoques secos en el centro de las cuatro obleas dejando un borde para aprisionar el atún de manera hermética y después poder doblar las *pastillas* sobre ellas mismas. En una sartén grande, con 2 cucharadas soperas de aceite de oliva, cueza las *pastillas* por el lado doblado para hacer que cojan color, deles la vuelta, añada por encima los pistachos ligeramente picados, rocíe con un poco de aceite de cocción y luego ponga todo en el horno caliente durante 5-8 minutos. Durante la cocción, confeccione una vinagre-

ta compuesta: ponga en un bol el pimiento crudo, las aceitunas cortadas, sal, pimienta, el zumo de 1/2 limón y luego 1 dl de aceite de oliva.

Presentación:

Saque las *pastillas* del fuego, colóquelas sobre un papel absorbente, luego póngalas adecuadamente presentadas en platos calientes, con un chorrito de salsa alrededor. Decore los platos con medias rodajas de limón aderezadas en el momento.

Los pescados, el marisco y los crustáceos

Los pescados son muy aconsejables porque contienen muchas menos grasas que las carnes y además los lípidos son en su mayoría insaturados (2/3 de

ácidos grasos poliinsaturados). Contienen también un ácido graso que participa en la prevención de la formación de coágulos sanguíneos. Este, que es el ácido eicosapentanoico, se encuentra sobre todo en los pescados de mar, como por ejemplo la sardina y la caballa.

Distinguimos los pescados en función de su contenido en grasas:

— *pescados magros* (grasas inferiores al 5%): lenguado, dorada, raya, platija, pescadilla, bacalao fresco, merluza, gobio, lucio, trucha, tenca y perca;
— *pescados semigrasos* (grasas inferiores al 10%): salmonete, carpa, arenque, sardina, salmón y rape;
— *pescados grasos* (grasas superiores al 10%): atún, anguila y morena. *Fijémonos en que el más graso de ellos aporta menos grasas que cualquier carne.*

El contenido en colesterol del pescado es poco:

— *Trucha: 50 mg/100 g*
— *Bacalao fresco: 50 mg/100 g*
— *Salmón: 60 mg/100 g*

Así pues, aconsejamos comer pescado por lo menos 3 veces por semana.

Las huevas de pescado contienen, en cambio, mucho colesterol ¡así que, no coma demasiado caviar!

El marisco (ostras, mejillones, almejas). Habría que mencionar el calamar y el pulpo, que son verdaderas delicias para los amantes de la buena comida: aportan proteínas muy útiles, vitaminas y oligoelementos con muy poco valor calórico (alrededor de 70 calorías por cada 100 g). Así, una docena de ostras que comamos crudas aporta tantas proteínas como un bistec de ternera y 10 veces menos grasa. Es el alimento de base ideal en calorías. Tienen poca concentración en lípidos (1-2%), pero no perdamos de vista la concentración en colesterol (entre 50 y 100 mg por cada 100 g según la estación). ¿Debemos evitar las ostras? No creemos que sea necesario. Basta para afirmarlo con saber que una docena de ostras sólo aporta 135 g de carne, es decir, de 70 a 140 mg de colesterol.

Los crustáceos (bogavante, langostas, cangrejos, langostinos, gambas, cangrejos de río) también tienen propiedades extraordinarias. ¡El bogavante, por ejemplo, sólo aporta 80 calorías por cada 100 g y su contenido en grasa y en azúcar es casi nulo! Contiene como media 150 mg de colesterol por cada 100 g. Los otros miembros de la familia, incluso los menos prestigiosos, como las gambas, comparten más o menos las mismas propiedades. Así que podemos degustarlos, pero con moderación. ¡Esa es, por otra parte, una regla que se nos puede aplicar a casi todos!

RODABALLO ASADO CON ALCACHOFAS

Para 4 personas:
4 trozos de rodaballo (150 g por persona, si es posible muy grueso)
6 alcachofas
1 ramita de perejil simple
12 cebollas nuevas
100 g de aceitunas negras deshuesadas
2 zanahorias
2 limones amarillos
2 dl de vino blanco
2 dl de aceite de oliva
2 hojas de laurel
Ramitas de tomillo
Sal y pimienta
4 filetes de anchoa

Preparación:
Deshoje y ponga boca abajo los fondos de alcachofa con la ayuda de un cuchillo muy afilado, corte cada fondo en 6 trozos, después quíteles la pelusa y meta cada trozo en el zumo de limón. Una vez estén listas las 6 alcachofas, pele las zanahorias y después córtelas en rodajas. En una sartén para saltear, vierta 2 dl de aceite de oliva, añada las alcachofas, las cebollas, las zanahorias, el laurel, el tomillo, dore las verduras sin que cojan color, écheles vino blanco, agregue los filetes de anchoa, cubra la sartén y cueza a fuego vivo durante 10-15 minutos. Apague el fuego y deje reposar así, con la sartén tapada, durante 15 minutos. Sazone los filetes de rodaballo, colóquelos en una sartén grande para saltear y rocíelos con la cocción de las alcachofas. Encienda el fuego, cueza rápidamente y tapados los filetes de rodaballo durante 6 minutos, apague el fuego y deje que se terminen de cocer así durante 5 minutos.

Presentación:

Presente los filetes de rodaballo en platos calientes y coloque las alcachofas alrededor con las cebollas y algunas rodajas de zanahoria. Reduzca la cocción, añada las aceitunas negras cortadas, y luego cubra el pescado con esta salsa. Decore con perejil simple.

FILETES DE SALMONETE CON ZANAHORIAS Y COMINO

Para 4 personas:

6 salmonetes barbudos de 200 g cada pieza (que le corten los filetes en su pescadería habitual)

500 g de zanahorias nuevas en matas
2 dientes de ajo
2 dl de aceite de oliva
1 cucharada sopera de miel líquida
10 g de comino en grano
1 rama de perejil simple
El zumo de 2 naranjas
2 dl de emulsión de aceite especiado
Sal

Preparación:
Limpie los filetes de salmonete con ayuda de una pinza de depilar, saque todas las pequeñas espinas que hay en medio de cada filete, luego colóquelos sobre un trapo frío. Pele y lave las zanahorias, córtelas en rodajas muy finas. Coja una sartén pequeña para saltear, eche un poco de aceite de oliva, ponga una capa de 1 cm de zanahorias, sazone con sal y comino, reparta la mitad de la miel sobre las zanahorias, añada un diente de ajo picado, luego vuelva a empezar con zanahorias, sazonado, miel, ajo y vierta el zumo de naranja. Agréguele una cucharada sopera de aceite de oliva, luego cúbrala con un papel sulfurizado húmedo. Ponga una tapa y cueza a fuego lento durante una hora para que las zanahorias se hagan bien. Conserve el guiso en caliente una vez haya acabado la cocción. Sazone con sal los filetes de salmonete, cuézalos rápidamente en una sartén antiadhesiva con un poco de aceite de oliva, luego escúrralos en un papel absorbente.

Presentación:
En platos fríos, coloque en el centro las zanahorias cocidas ligeramente tibias y ponga encima 3 filetes de salmonete en abanico, luego rocíe alrededor con un chorrito de emulsión de aceite especiada. Decore con el perejil simple.

SUPREMA DE BARBADA EN *PARISIENNE* DE HORTALIZAS

Para 4 personas:
4 filetes de barbada (150-180 g por persona)
2 patatas tipo BF-15
2 blancos de puerro
1 dl de aceite de oliva
1 dl de *fumet* de pescado
1 zumo de limón
20 g de perejil simple
Sal, pimienta

Preparación:
Pele y lave las patatas y los puerros y córtelo todo en juliana fina. Limpie, lave el perejil y cincélelo finamente. En una sartén para saltear bastante grande y no demasiado profunda, vierta dos cucharadas de aceite de oliva, coloque la juliana, sitúe adecuadamente los filetes de barbada, salpimiente y añada el zumo de limón y el *fumet* sobre la superficie del pescado. Llévelo todo a ebullición, tape la sartén y deje cocer de 3 a 5 minutos a fuego vivo. Retire la sartén del fuego y deje reposar durante 10 minutos. Saque los filetes de barbada y consérvelos sobre una placa. Haga reducir totalmente la cocción con las hortalizas. Por último, agregue 0,5 dl de aceite de oliva y el perejil cincelado.

Presentación:
Ponga un filete de barbada sobre cada plato y vierta la salsa de la juliana de hortalizas muy caliente.

LONCHA DE ATÚN CRUDO AL CAVIAR DE BERENJENAS

Para 4 personas:
400 g de atún cortado en finas lonchas
2 berenjenas grandes
8 cebollas nuevas
2 dl de aceite de oliva
1 limón verde
1 limón amarillo
Sal, pimienta gris
1 cucharada de comino en polvo

Preparación:
Cueza las 2 berenjenas en el horno caliente (termostato 8) durante unos 15-20 minutos dándoles la vuelta frecuentemente (no pasa nada si la piel está ligeramente quemada, es ese sabor ahumado que caracteriza al caviar de berenjenas), luego colóquelas sobre un plato y déjelas enfriar ligeramente. Corte las berenjenas longitudinalmente con la ayuda de una cuchara, y recoja toda la pulpa y colóquela en un colador para que se escurra bien. En una ensaladera, ponga la pulpa de las berenjenas, salpimente, añada el zumo de limón amarillo y trabaje con una batidora para montar esta preparación como una mayonesa con 1 dl de aceite de oliva. Rectifique el sazonado y colóquelo todo en una fuente añadiendo por encima las cebollas nuevas cortadas finamente y el comino en polvo.

Presentación:
En 4 platos con un poquito de aceite de oliva, disponga las lonchas de atún sin que se monten unas sobre otras y de manera que cubran el fondo del plato. Sazone con limón verde, aceite de oliva, sal, pimienta (todo en el último momento). Sirva este plato muy fresco acompañado de caviar de berenjenas tibias y finas hogazas de pan tostadas.

CRUJIENTE DE SALMÓN CON ESPÁRRAGOS VERDES

Para 4 personas:
1 filete de salmón cortado en 4 porciones de 150 g
24 espárragos verdes de tamaño medio
1 clara de huevo
1,5 dl de aceite de maíz aromatizado
El zumo de 1/2 limón
Sal
Perifollo

Preparación:
Recorte los espárragos a 8-10 cm de longitud, pélelos con un cuchillo mondador, lávelos y cuézalos *al dente* en agua hirviendo muy salada. Enfríelos y póngalos sobre un trapo. Sale las lonchas de salmón y páselas a fuego vivo por la sartén antiadhesiva por el lado de la piel. Cuando una cara esté muy crujiente, quite la sartén del fuego y déjela reposar tapada unos 10 minutos. Meta en una batidora la clara de huevo, el zumo de limón y una pizca de sal. Haga montar la mezcla y añada aceite suavemente, después ponga la batidora a alta velocidad para crear la emulsión; en el último momento, se puede descompactar la emulsión añadiéndole un poco de agua tibia.

Presentación:
Presente el salmón en un plato frío. Ponga en el centro dos cucharadas de emulsión y extiéndala. Ponga el salmón con el lado de la piel hacia arriba, armoniosamente, con los espárragos ligeramente templados. Lustre con un pincelito el salmón y los espárragos con un poco de aceite aromatizado y añada como decoración algunas ramitas de perifollo.

MARINADA DE MEJILLONES CON HINOJO

Para 4 personas:
2 kg de mejillones (de vivero, preferentemente)
1 bulbo de hinojo
2 zanahorias
1 rama de eneldo
2 dientes de ajo
1 hoja de laurel
1 dl de aceite de oliva
1 dl de vino blanco seco
Pimienta

Preparación:
Limpie, seleccione y lave los moluscos (varias veces) y póngalos a escurrir. Pele las zanahorias, el hinojo, el ajo y páselo todo por el triturador para cortarlos muy finos sin llegar a reducirlos a puré. En una sartén grande para saltear, vierta el aceite y las hortalizas, la hoja de laurel, añada los mejillones, eche un poco de pimienta, rocíe con vino blanco y después lleve a ebullición muy fuerte con tapadera. Saltee los mejillones y después homogeneice la cocción. Hacen falta de 5 a 8 minutos para que se abran los mejillones. Una vez cocidos, páselos por un colador y haga reducir la cocción 2/3 para obtener una salsa concentrada casi de sirope.

Presentación:
Quíteles la mitad de la cáscara a los mejillones y póngalos en platos hondos y calientes de manera estética, después vierta por encima la cocción reducida con un chorrito de aceite de oliva. Decore con algunas briznas de eneldo.

RODABALLO ASADO CON CONDIMENTOS

Para 4 personas:
4 trozos de 150 g de filete de rodaballo muy grueso
100 g de apio-rábano
1 manzana ácida cortada en juliana
1 cucharada sopera de alcaparras
1 limón amarillo
1 cucharada sopera de mostaza
1 dl de aceite de oliva
2 dl de *fumet* de pescado
Perejil simple
Sal, pimienta

Preparación:
Corte el apio en dados de 1 cm y páselos por el zumo de limón. Enjuague las alcaparras con agua tibia. En una sartén para saltear, vierta el aceite de oliva y cueza los trozos de apio a fuego lento. Déjelos cocer así de 3 a 5 minutos. Sobre el apio, disponga los filetes de rodaballo, salpimiente y añada una capa de aceite de oliva. Recubra con un papel sulfurizado, añada el *fumet* de pescado, tápelo y cueza durante 5 minutos. Apague el fuego y deje reposar diez minutos. Escurra los filetes de rodaballo sobre un papel absorbente y consérvelos en caliente. Reduzca la cocción a fuego vivo para obtener unas 4 cucharadas soperas de jugo. Agregue entonces las alcaparras y la mostaza; llévelas a ebullición y, en el último momento, ponga la juliana de manzana (que tiene que quedarse medio cruda).

Presentación:
Presente los filetes de rodaballo en platos muy calientes, vierta la salsa de cocción y decore con perejil simple.

PAPILLOTES DE VIEIRAS CON GUISANTES TIRABEQUES

Para 4 personas:
12 vieiras sin el caparazón
200 g de guisantes tirabeques muy tiernos
1 cucharadita de curry suave
1 manzana verde
1 cucharada sopera de aceite de oliva
Sal

Preparación:
Quite el rabillo a los guisantes tirabeques, córtelos en rombitos, lávelos rápidamente y escúrralos. Corte las vieiras en 2 rodajas, pele la manzana y córtela en rodajas muy finas. Recorte 4 hojas de papel de aluminio de 24 cm y cubra una mitad con pinceladas de aceite de oliva. Coloque 6 rodajas de vieiras de manera que se monten unas sobre las otras como para una tarta, sazónelas con sal y curry, colóqueles encima una cucharada sopera de guisantes tirabeques y luego un poco de la manzana cortada. Vuelva a sazonar, y después pliegue la otra mitad de las hojas y cierre herméticamente los papillotes de manera que obtenga 4 empanadillas. Encienda el horno y sitúe el termostato al 8. En una sartén grande que pueda contener los 4 papillotes, vierta un poco de aceite de oliva y coloque los papillotes. Póngalos a fuego muy vivo y cuando se hinchen, colóquelos 6 minutos en el horno muy caliente. El éxito de este plato depende de que el papillote se haya doblado correctamente porque, si no queda cerrado herméticamente, no se hinchará y los sabores se escaparán en el horno.

Presentación:
Sírvalos en platos muy calientes, así cada comensal tendrá la oportunidad de abrir su papillote y de percibir todos los olores que este contiene.

Las carnes

La carne es un alimento con muchas proteínas de gran calidad biológica, muy apreciada y buscada por razones al mismo tiempo culinarias (la carne permite realizar preparaciones maravillosas y muy gustosas) y psicológicas (la carne pone fuerte, es el alimento de los guerreros, transmite los principios de la vida animal). Esto explica el aumento regular del consumo en Europa desde hace un siglo. Veamos el caso de Francia, ¡donde se ha cuadriplicado su consumo!

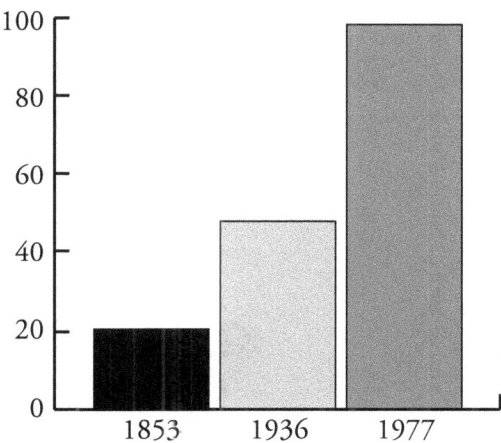

Evolución en un siglo del consumo de carne (en kg) por habitante

La carne es un alimento caro para el consumidor; también representa un gasto de energía a escala planetaria: ¡hacen falta 700 calorías vegetales para producir 100 calorías animales! El valor alimenticio de la carne es, en cambio, bastante bueno, porque, como término medio, 100 g de carne aportan 200 calorías. De hecho, todo depende del contenido en grasa de la carne. Este contenido es lo que distingue las carnes que pueden ser consumidas sin problemas de aquellas que más vale evitar. Está muy claro que las cifras que damos son cifras medias, que varían según la especie, la edad, la porción de carne y su contenido en grasa (cuidado con la carne entreverada; es especialmente grasa). Se aconseja siempre desgrasar la carne y evitar cocinarla en su jugo.

Carnes aconsejadas (magras)	Carnes desaconsejadas (grasas o ricas en colesterol)
— Venado: 3%	— Oveja: 19%
— Ternera: 10%	— Buey: 20%
— Pollo (sin la piel): 6%	— Cordero: 24%
— Pintada: 6%	— Cerdo: 25%
— Pavo: 13%	— Menudos
— Conejo: 5-10%	— Oca
— Pichón: 3%	— Pato
Los porcentajes corresponden a los lípidos en relación con el peso total de la carne; desde luego, sólo son valores medios indicativos.	

Además de la aportación de lípidos saturados, las carnes son a menudo ricas en colesterol:

Tipo de carne	Colesterol en mg/100 g
cerebro de ternera	2.100
hígado de ternera	500
paté de hígado	420
riñón de buey	410
molleja de ternera	280
tripas	150
bistec de buey	125
costilla de cerdo	105
saladillo	105
jamón	100
costilla de ternera	100
costilla y pierna de cordero	78
bistec de caballo	78
pollo	75
pavo	60
conejo	50

¡Recordemos a modo comparativo que la yema de huevo contiene unos 2.000 mg/100 g, y que la trucha sólo aporta 50 mg/100 g!

Los embutidos y productos derivados del cerdo, en conjunto, tienen que ser evitados. Se suelen preparar con la carne de cerdo, que es la más grasa, y se conservan por salazón y en numerosas preparaciones, además, se le vuelve a añadir grasa de cerdo.

Tomemos el ejemplo de los patés o los chicharrones; están compuestos por un 50% de grasa de cerdo, de un 20 a un 30% de carnes o menudos, huevos, leche, gelatina, almidón, además de aromatizadores y especias. Nadie duda de que estos platos son deliciosos y muy prácticos para comer.

Pero hay que elegir: ¡o estos productos o el índice de colesterol!

Más de la mitad del peso de un sencillo salchichón son grasas animales. Pero volvamos a lo que estábamos y hablemos de dos simpáticos animalitos que aún no hemos mencionado: *la rana y el caracol.* Podemos degustarlos sin mala conciencia: no contienen grasas (0,8% el caracol y 0,3% la rana). Por supuesto, no sería conveniente prepararlos utilizando mantequilla y ajo, porque lo que ganaríamos por una parte lo perderíamos por la otra.

FRICASÉ DE GAZAPO CON VINAGRE DE JEREZ

Para 4 personas:
1 conejo joven de 1,4 kg cortado en 12 trozos en su carnicería (conserve el hígado del conejo)
300 g de espinacas
8 dientes de ajo
8 chalotes
1 dl de vinagre de jerez
1 dl de aceite de oliva
Sal, pimienta

Preparación:
Lave las espinacas y quíteles el rabillo, después séquelas bien como si fueran para una ensalada. Pele los chalotes y haga un cortecito en los dientes de ajo sin pelarlos. Sazone los trozos de conejo con sal y pimienta. Coja una sartén honda para saltear y vierta una cucharada sopera de aceite de oliva. A fuego lento, deje cocer los trozos de conejo, añada los chalotes y el ajo, tape la sartén y vaya removiendo poco a poco durante 10-15 minutos con tal de obtener una coloración muy amarillenta de todos los elementos. Haga una salsa añadiendo 1/3 de vinagre a la cocción y reduzca de nuevo. De esta manera, el conejo, los chalotes y el ajo se impregnarán de todos los aromas y formarán una fina película caramelizada. Repita lo mismo por tercera vez; hacen falta de 30 a 40 minutos para llegar a una cocción suave del conejo. Cuando acabe la cocción, guarde los pedazos de conejo, el ajo y los chalotes en una bandeja en caliente. Vuelva a poner la sartén a fuego vivo y vierta las espinacas, salpimiente, cueza rápidamente durante 2 o 3 minutos y a continuación deje que se escurran. Corte el hígado del conejo en finas láminas, sazónelo y cuézalo rápidamente en una sartén antiadhesiva.

Presentación:
Reparta por el centro de cada plato, muy caliente, el conejo, el ajo y los

chalotes. Decore con las espinacas en corona y con las láminas de hígado de conejo.

FILETES DE TERNERA CON LIMÓN VERDE

Para 4 personas:
8 filetes de 60 g
2 limones verdes
16 cebollas nuevas
1 rama de romero
Aceite de girasol
Azúcar, sal

Preparación:

Pele las cebollas, lávelas, hágalas sancochar en 1/2 litro de agua salada y azucarada durante 6 minutos, luego escúrralas sin enjuagarlas. Ralle las cortezas de los limones con un cuchillo mondador, déjelos en agua 3 minutos, espere que se enfríen y córtelos en rodajas finas. Deshoje el romero, córtelo en trocitos finos, mezcle una cucharadita de café con corteza de limón con otra de romero y exprima el zumo de dos limones. En una sartén antiadhesiva, cocine las cebollas con una pizca de azúcar, sin materia grasa. Lleve a cabo la operación delicadamente a fuego lento hasta la caramelización de las cebollas, luego espolvoréelas con la mezcla de romero y las cortezas de limón. Consérvelas en caliente. Sale los filetes de ternera, enharínelos, y luego cuézalos en una sartén para saltear con un poco de aceite de girasol. Dórelos por los dos lados durante 5-10 minutos y luego sáquelos de la sartén y consérvelos en caliente. Escurra la grasa y haga una salsa con el jugo de la sartén y el zumo de limón. Reduzca y luego échele 2 cucharadas soperas de agua salada. Eche pimienta, añada una pizca de la mezcla de romero y cortezas, agregue las cebollas y conserve en caliente.

Presentación:

Coloque los filetes de ternera en una bandeja muy caliente y rodéelos con cebollas caramelizadas y el zumo obtenido. Sirva como acompañamiento espinacas hechas en la sartén o crudas con un poco de aceite aromatizado.

PINTADA DE BRESSE A LA SAL

Para 4 personas:
1 pintada de Bresse o un buen pollo de granja de 2 kg
400 g de guisantes tirabeques
De 2 a 3 kg de sal gorda marina
30 g de carne de nuez verde
3 ramitas de estragón

1 cucharada sopera de aceite de oliva
1 cucharada sopera de cilantro en grano
Sal, pimienta

Preparación:
Haga que le vacíen y le preparen la pintada en su pollería habitual. Rellene el interior con las ramas de estragón y los granos de cilantro. Coja una cacerola honda y eche una capa de unos 5 cm de sal gorda. Coloque la carne boca arriba en la cacerola y cúbrala llenando la cacerola con sal gorda. Compáctelo todo bien, ponga la tapa, coloque la cacerola en el horno a temperatura 7 y cueza de esta manera durante 2 horas y 15 minutos. Mientras tanto, quíteles el rabillo a los guisantes tirabeques y corte las carnes de nuez. Cueza los guisantes tirabeques en una sartén para saltear con un poco de aceite de oliva, hágalos sudar sin que cojan color, añada las nueces, salpimiente, tape la sartén y deje que se cuezan así durante 10 minutos.

Presentación:
Ponga el bloque de sal sobre una bandeja y rómpalo. Descubrirá una pintada dorada y cocida en su propio jugo muy aromatizada con el estragón y el cilantro. Córtela a continuación como un pollo asado, y procure quitar la piel. Sirva los guisantes tirabeques como acompañamiento.

POLLO EN EMPANADA

Para 4 personas:
1 pollo cebado de 2 kg o un buen pollo de granja
1 pan de molde
2 claras de huevo
2 dl de aceite de oliva
1 rama de tomillo
1 cucharada sopera de mostaza fuerte

250 g de lechugas variadas
1 dl de vinagre de jerez
Sal, pimienta

Preparación:
El día anterior, pida a su carnicero que le vacíe, le prepare el pollo y lo corte en cuartos. Retire la piel y los huesecitos de la quilla. Prepare una marinada con 2 claras de huevo, 1 dl de aceite de oliva, 1 cucharada sopera de mostaza y ramitas de tomillo. Mézclelo todo y ponga los cuartos de pollo a marinar una noche en frío. El mismo día, prepare el pan de molde (quítele la corteza) y después páselo por el tamiz para hacer una ralladura. Escurra los cuartos de pollo, y después páselos por la ralladura por las dos caras. Coja una bandeja para asar. Rocíela con un poco de aceite de oliva y coloque ahí los cuartos. Póngala en el horno a temperatura 7. Cueza durante 20 minutos las alas y 40 minutos los muslos. Justo antes de servirlos, páselos por el grill para que la empanada esté doradita.

Presentación:
Sirva el pollo asado acompañado por lechuga variada aliñada con aceite de oliva y vinagre de jerez, sal y pimienta.

RISOTTO DE CONEJO CON SETAS

Para 4 personas:
1 conejo de 1,4 kg cortado en 12 trozos
300 g de setas muy duras
8 cebollas nuevas
1 cucharadita de pimentón
1 bol de 30 cl de arroz redondo
1 rama de romero
2 cucharadas soperas de aceite de oliva
Sal, pimienta

Preparación:

Pele las cebollas conservando un poco del tallo. Haga lo mismo con el rabo de las setas y luego, con la ayuda de un paño húmedo, limpie las setas y córtelas en rodajas de 0,5 cm de grosor. Sazone los trozos de conejo con sal, pimienta y paprika. Luego, en una cacerola honda, saltéelos con 2 cucharadas soperas de aceite de oliva. Cuando el conejo esté bien dorado, añada las setas y las cebollas enteras. Deje que se cuezan a fuego lento durante unos 10 minutos para que cojan un poco de color, añada el arroz y llene la cacerola con agua hasta tres veces por encima del volumen del arroz. Ponga la rama de romero, coloque un papel sulfurizado húmedo, una tapa, y meta la cacerola en el horno a termostato 7 durante 20 minutos. Una vez cocido, sáquelo del horno y deje que repose durante 15 minutos.

Presentación:

Justo antes de servir, desgrane el arroz procurando no estropear los trozos de conejo. Preséntelo con la cacerola.

PICCATA DE TERNERA CON FIDEOS CRUJIENTES

Para 4 personas:
12 escalopines con un grosor de 2 cm y de 30-40 g la pieza
1 cucharada sopera de *coulis* de pimiento
2 dl de aceite de oliva especiado
150 g de fideos
50 g de aceitunas negras deshuesadas cortadas en rodajitas
1 zumo de limón
Sal, pimienta

Preparación:

Cueza los fideos con agua hirviendo salada, *al dente*, y luego déjelos enfriar; escúrralos y añada una cucharada sopera de aceite de oliva. Guárdelos así en frío. Condimente con sal y pimienta los escalopines y cocínelos en la sartén durante 3 minutos por cada cara para que se coloreen ligeramente. Consérvelos en caliente en una bandeja. Eche el zumo de 1/2 limón a la sartén y añádale el *coulis* de pimiento. Corrija el sazonado. Si la salsa es demasiado espesa, eche una cucharada sopera de agua, luego pásela por el colador chino y consérvela en caliente. En una sartén grande antiadhesiva, cueza la pasta con 1 o 2 cucharadas soperas de aceite especiado. Remueva constantemente los fideos en la sartén; se pondrán crujientes y cogerán una ligera coloración amarilla.

Presentación:
En una bandeja redonda, coloque la pasta en forma de cúpula y las *piccatas* de ternera cubiertas con *coulis* de pimiento en forma de corona. Espolvoree con aceitunas negras cortaditas.

JARRETE DE TERNERA CON ZANAHORIAS Y CIRUELAS PASAS

Para 4 personas:
1 buen jarrete de ternera (parte delantera)
2 manojos de zanahorias nuevas
8 cebollas nuevas
4 dientes de ajo
100 g de pasas
20 g de raíz de jengibre
1 manojo de perejil simple
1 dl de aceite aromatizado
Sal gorda

Preparación:
Pele las zanahorias conservando un poco del tallo de las matas y lávelas cuidadosamente. Haga lo mismo con las cebollas. Sancoche las ciruelas pasas con agua hirviendo durante 5 minutos y luego enjuáguelas y escúrralas. Coja una cacerola honda bastante alta y larga, vierta 2 cucharadas soperas de aceite aromatizado. Cueza el jarrete por todas sus caras, escurra el excedente de grasa, añádale el ajo picado, las cebollas enteras y las zanahorias. Tape la cacerola y deje cocer a fuego lento 1/4 de hora, removiendo las hortalizas y dándole la vuelta al jarrete de ternera; después échele un vaso de agua. Añada medio manojo de perejil y el jengibre, sale utilizando una cucharilla de café con sal gorda, tápela y déjela cocer a fuego muy lento durante 20 minutos. Vuelva a realizar la misma operación consistente en remover las hortalizas delicadamente, sin romperlas, y en dar la vuelta al jarrete. Vuelva a echar un vaso de agua y vuelva a cocer durante 20 minutos. Realice la misma operación una tercera vez, pero añadiendo las ciruelas pasas. Continuaremos la cocción aún 20 minutos más. Este método de cocción llamado «estofado» permite obtener una carne muy esponjosa y confeccionar al mismo tiempo un jugo de ternera muy concentrado en cuanto a sabor.

Presentación:

En un bandeja grande ligeramente honda, disponga el jarrete entero rodeado por la guarnición. Decore el plato con un poco de perejil simple.

PUCHERO DE POLLO DE BRESSE

Para 4 personas:
1 pollo de 2 kg o un pollo joven de granja
1 manojo de nabos nuevos
1 manojo de zanahorias nuevas
8 ciruelas pasas
1 col nueva
1 apio-rábano pequeño
1 manojo de estragón
1/4 de emulsión de aceite aromatizada al estragón
Sal gorda

Preparación:

Haga que su carnicero le vacíe y le prepare el pollo. Rellénelo con medio manojo de estragón, añada una cucharada sopera de sal gorda, envuélvalo con una hoja grande de papel sulfurizado, ligeramente mojada, y luego átelo como si fuera a asarlo. Pele y lave todas las hortalizas. Haga un manojo con las pasas. Deje el apio entero, y también la col y el resto de verduras u hortalizas. Coja una olla y eche 3 litros de agua. Añada un puñado de sal gorda y llévela a ebullición. Sumerja el pollo, las zanahorias y el apio. Deje que cuezan a poco hervor durante 20 minutos, luego añada los nabos y el manojo de pasas, el estragón sobrante y la col. Tape la olla y continúe la cocción a fuego lento durante 40 minutos. Cuando haya transcurrido el tiempo de cocción, apague el fuego y deje reposar 20 minutos antes de servir.

Presentación:

Coloque el pollo en una bandeja honda tras haberle quitado la envoltura. Rodéelo con las verduras y sírvalo como un puchero con sal gorda, pepinillos o cerezas al vinagre. Una salsa a la emulsión de aceite aromatizado con estragón puede acompañar agradablemente este plato.

Observación:

Se puede realizar el mismo pollo en la época de trufas, rellenándolo con una trufa grande y sirviendo la emulsión de aceite aromatizado a la trufa como salsa de acompañamiento.

Los postres

Las frutas

Todas *las frutas acuosas* son buenas. Contienen pocos lípidos (0,5-1%), mucha vitamina C y pueden ser consumidas frescas, azucaradas, y sin ningún tipo de crema o nata. Se pueden encontrar en forma de mermelada o confitura. Con ellas se pueden hacer tartas excelentes a condición de que la pasta no contenga mantequilla.

Los frutos oleaginosos son la aceituna, el coco y el aguacate. Lo que los caracteriza es su riqueza en *lípidos*. Pero ahora ya sabemos que *no todos los lípidos son iguales ante el riesgo vascular*. La aceituna monoinsaturada es buena, el aguacate también, ¡pero nos vemos en la obligación de desaconsejar el coco, que es esencialmente saturado!

Los frutos de oleaginosos son las almendras, las nueces, las avellanas, los pistachos y los piñones, que a menudo se utilizan en pastelería y como aperitivo (preparados salados). Son ricos en lípidos insaturados, lo que no es muy grave pero, por desgracia, contienen mucho colesterol (20-40%). Están prohibidos.

Los helados

Existen tres tipos de helado:

— *los helados al huevo,* compuestos por una mezcla de leche pasteurizada, nata, azúcar, huevos y aroma;
— *los helados,* que contienen leche y nata, pero sin huevo.
— *los sorbetes,* que se componen solamente de frutas (35%), de agua y de azúcar.

¿Entonces, qué: helados o sorbetes? ¡Sorbetes, por supuesto!

El chocolate

En la selva virgen de Petén, en Guatemala, hay un árbol consagrado a los dioses de los Mayas, el cacao. Con su fruto, se hace el *thacahoua*, mezclando el polvo de las almendras tostadas con agua, miel y especias. Es un alimento sagrado, el que Moctezuma, emperador de los aztecas, ofreció orgullosamente a Cortés, a quien tomó por la viva imagen de Quetzalcóatl, su dios desaparecido.

De entrada, el cacao posee numerosas virtudes, afrodisiacas claro, pero también reconfortantes, estimulantes e incluso euforizantes. El mismo Brillat-Savarin lo aconseja encarecidamente a los que hayan abusado mucho de los placeres, llamándolo el «chocolate de los afligidos».

El cacao contiene un alcaloide: la *teobromina*, que tiene propiedades excitantes.

Tras la torrefacción, se muelen las almendras del cacao y de esta manera se obtiene una pasta de cacao, rica en lípidos (del 50 al 60%). Esta pasta es el origen del preparado del cacao en polvo, de la mantequilla de cacao y del chocolate.

La preparación industrial del chocolate es delicada y requiere diversas operaciones que le darán su finura y untuosidad. El resultado es un alimento rico en azúcar y en grasas, pero que no contiene colesterol.

Así pues, el chocolate es un alimento graso y más o menos azucarado según la manera de prepararlo. Sólo contiene colesterol en preparaciones especiales: con leche, en *mousse*, en repostería o en confitería. De esta manera puede resultar francamente peligroso, porque lleva mantequilla, huevos, nata y leche.

Si bien debemos huir de la trufa de chocolate como de la peste, un consumo moderado de chocolate negro (en tableta, por ejemplo) puede permitirse.

La repostería y las cremas

Los dulces y pasteles suelen contener en proporción variable leche, mantequilla y huevos.

Deben evitarse. Esta apreciación puede parecer un poco categórica teniendo en cuenta que se aplica a todo un campo de la cocina en el que el talento y el ingenio se expresan tan a menudo, pero no podemos hacer otra cosa. Para consolarnos, podemos pensar en que la supresión de estos azúcares y pastas de los postres comporta un adelgazamiento neto y, además, en personas jóvenes, permite recuperar la línea.

PANNEQUETS CON REQUESÓN, *COULIS* DE ALBARICOQUES

Para 4 personas:
1 paquete de láminas de hojaldre
300 g de requesón con 0% de materia grasa
100 g de frutas confitadas cortadas en macedonia
100 g de azúcar glas
1 ramita de menta
300 g de albaricoques muy maduros
1 cucharada sopera de miel
1 cucharada sopera de aceite de maíz

Preparación:
Lave y corte los albaricoques en dos para sacar los huesos. Póngalos a cocer a fuego lento durante 20 minutos con una cucharada sopera de miel a la que le añadirá un poco de agua. Deje que se enfríen y luego bátalos para obtener un *coulis* que tendrá que pasar por el chino para sacarle las pequeñas pieles desagradables. Recorte las láminas de hojaldre en cuadrados de 15 cm de lado. Coloque sobre un trozo de tela 8 cuadrados de 3 hojas cada uno. Escurra el requesón sobre una tela y luego añada 2 cucharadas soperas de azúcar glas y las frutas confitadas. Coloque en el centro de cada cuadrado una cucharada sopera de requesón, luego haga rodar el hojaldre haciendo que las extremidades queden en el interior, de manera que se obtengan 8 pequeños *pannequets* estilo bizcochos imperiales. En una sartén antiadhesiva grande, dore los *pannequets* con una cucharada sopera de aceite de maíz y luego escúrralos sobre un trapo.

Presentación:
Espolvoree los *pannequets* con azúcar glas. Póngalos bien calientes sobre los platos, rodeados por un cordón de *coulis* de albaricoque. Decore con hojas de menta.

SOPA DE MELOCOTONES BLANCOS A LA MENTA

Para 4 personas:
12 melocotones blancos muy maduros
1 limón
2 ramitas de menta
2 dl de vino blanco dulce (por ejemplo, un *beaumes de Venice* o un *jurançon*)
2 cucharadas soperas de miel

Preparación:
Para pelar los melocotones, sumérjalos en una olla grande con agua hirviendo durante 2 minutos y después enfríelos rápidamente. Escúrralos y quíteles la piel, luego córtelos en trozos rodeando los huesos. Coloque los trozos en una fuente. Saque 1/3 de los pedazos de los melocotones para batirlos con miel y algunas hojas de menta, y añádales el zumo de limón y el vino blanco. Bata a gran velocidad para que la preparación quede muy esponjosa. Vierta este preparado sobre los pedazos de melocotón. Mézclelo todo con cuidado y déjelo reposar de 1 a 2 horas antes de servirlo.

Presentación:
En copas heladas decoradas con hojas de menta.

STRUDELS DE MANZANA CON NUECES

Para 4 personas:
1 paquete de láminas de hojaldre
4 manzanas reinetas
100 g de carne de nuez verde
60 g de azúcar glas
30 g de pasas de Corinto

30 g de pan rallado
1 dl de aceite de maíz
1 cucharadita de canela en polvo
1 limón

Preparación:
Pele las manzanas, córtelas por la mitad para extraer las pepitas, córtelas en juliana fina y écheles limón para evitar que se oxiden. Añada a las manzanas las pasas, el azúcar, la canela, las carnes de nuez picadas, cúbralo todo con un paño y consérvelo en frío. En una sartén antiadhesiva, dore el pan rallado con 2 cucharadas soperas de aceite de maíz. Saque la compota de manzana de la nevera. Estrújela con un paño y añádale el pan rallado. Mézclelo todo delicadamente. Recorte las láminas de hojaldre en cuadrados de 20 cm de lado y haga 4 cuadrados doblando las hojas. Coloque en el centro de cada cuadrado de 2 a 3 cucharadas soperas de manzana. Unte los bordes de los cuadrados con un poco de aceite y lleve todas las puntas hacia el centro para confeccionar las limosneras. Rocíelos con un poco de aceite y luego cuézalos en el horno a termostato 8 durante 10 minutos, justo el tiempo para que se doren. Cuando los saque del horno, espolvoréelos con azúcar glas.

Presentación:
Sirva este postre en platos calientes, acompañado por requesón magro ligeramente azucarado o un *coulis* de albaricoque.

SOPA DE FRUTOS ROJOS AL VINO

Para 4 personas:
1 kg de fresas de jardín
2 bandejitas de fresas silvestres
2 bandejitas de frambuesas

1 vaso de vino tinto a su elección
100 g de azúcar de sémola
1 pizca de polvo de canela
1 ramita de menta

Preparación:
Lave y quite el rabillo a las fresas de jardín. Corte las más grandes por la mitad. Haga un *coulis* con 1/3 de las fresas silvestres, 1/3 de las fresas de jardín y 1/3 de las frambuesas. Páselo todo por la batidora con 100 g de azúcar y el vaso de vino. Añada canela y páselo todo por el tamiz.

Presentación:
En una fuente grande, coloque por capas las frutas enteras (fresas, frambuesas, fresas silvestres). Rocíe todas las frutas con *coulis* y decore con hojas de menta fresca. Conserve este postre en frío durante una hora antes de servirlo.

ENSALADA DE NARANJAS Y DE POMELOS CON GELATINA

Para 4 personas:
8 naranjas grandes
4 pomelos (si puede ser rojos)
60 g de azúcar
4 hojas de gelatina
100 g de miel muy neutra
1 dl de granadina
2 ramas de menta

Preparación:
Con ayuda de un cuchillo mondador, pele las cortezas de 2 naranjas y de

un pomelo. Colóquelas en una cacerola con 1/2 litro de agua fría, hágalas hervir, luego enjuáguelas y vuelva a realizar la misma operación una segunda vez. Una vez sancochadas las cortezas, escúrralas y luego córtelas en juliana fina. Colóquelas en una sartén pequeña para saltear, con 60 g de azúcar, 1 dl de granadina y 2 dl de agua. Cueza las cortezas durante 1 hora para confitarlas. Exprima el zumo de 2 naranjas y del pomelo, a los que hemos quitado las cortezas, y páselo por el chino tamiz en una cacerola. Agregue miel y haga cocer hasta obtener 1/4 de litro de zumo. Añada las 4 hojas de gelatina que previamente habrá remojado en agua fría. Consérvelo todo en un sitio templado. Pele las naranjas y los pomelos que quedan con un cuchillo muy afilado y luego córtelos delicadamente en trozos y quite todas las pielecitas que hayan quedado. Ponga los trozos de fruta en un colador para que se escurran bien.

Presentación:
En una fuente de cristal, coloque las frutas y altérnelas colocando entre cada capa las cortezas confitadas. Por último vierta la gelatina tibia, y luego conserve este postre en frío durante 2 horas antes de servirlo. Decórelo con hojas de menta.

CREMA DE MANGOS CON FRESAS SILVESTRES

Para 4 personas:
2 mangos muy maduros
500 g de fresas silvestres
100 g de azúcar
Kirsch viejo
1 dl de agua
1 ramita de menta

Preparación:

Pele los mangos, saque la pulpa por todo alrededor del hueso, coloque la pulpa de los mangos en una cacerola pequeña, añada 1 dl de agua y unos 100 g de azúcar. Hágalos cocer a fuego lento durante 20 minutos y luego bátalos y páselos por el chino tamiz para obtener un *coulis* muy cremoso. Aromatice con un poco de *kirsch* para realzar el sabor del mango.

Presentación:

Limpie las fresas silvestres, pero no las lave. Colóquelas en copas y cúbralas con la crema de mango. Guárdelas en la nevera 30 minutos. Antes de servirlas, decórelas con hojas de menta.

ISLAS FLOTANTES CON *COULIS* DE ALBARICOQUES

Para 4 personas:
4 claras de huevo

50 g de pistachos pelados
200 g de azúcar
500 g de albaricoques muy maduros
1 dl de *cointreau*
Papel sulfurizado

Preparación:
Empape los pistachos en el *cointreau* 24 horas antes. Lave y corte los albaricoques, quíteles el hueso. Cueza los albaricoques con 100 g de azúcar y 1 dl de agua a fuego lento durante 30 minutos, déjelos luego tapados en un lugar templado. Monte las claras de huevo a punto de nieve añadiéndoles 100 g de azúcar para merengarlas y para evitar que se granulen. Coloque sobre un papel sulfurizado bolitas de huevo a punto de nieve, y luego cuézalas al vapor durante 6-7 minutos. Escurra los pistachos y córtelos a trozos. Bata los albaricoques para obtener un *coulis* y páselo por el tamiz.

Presentación:
En una fuente de cristal o en copas, coloque los huevos a punto de nieve. Cúbralos con el *coulis* de albaricoques y salpíquelo de trocitos de pistacho.

COMPOTA DE MANZANAS REINETAS Y DE CIRUELAS DE AGEN

Para 4 personas:
1 kg de manzanas reinetas
200 g de ciruelas de Agen
200 g de azúcar
30 g de jengibre confitado
1 dl de Chartreuse verde

Preparación:
Ponga a remojar las ciruelas la víspera. Pele las manzanas y córtelas en pedazos grandes. Quíteles las pepitas. Cueza los trozos de manzana con 1 dl de agua sin azucarar, a fuego lento durante 30 minutos sin remover. Cueza las ciruelas con 1 dl de agua, 1 dl de Chartreuse verde y 100 g de azúcar. Cueza durante 30 minutos y luego conserve este plato tapado y en frío. Corte finamente el jengibre confitado y mézclelo con los 100 g de azúcar sobrante. Vierta esta preparación en la cocción de manzanas y mezcle delicadamente con un tenedor para no romper completamente las manzanas.

Presentación:
Coloque la compota en una ensaladera y añádale las ciruelas colocadas en corona y bien escurridas y deshuesadas. Sirva este plato fresco pero no helado.

CHUBASCO DE CEREZAS NEGRAS, GRANIZADO DE VERBENA

Para 4 personas:
600 g de cerezas grandes *burlat* muy negras
300 g de azúcar
1 limón verde
15 g de verbena en hojas secas

Preparación:
Hierva 1/2 litro de agua con 200 g de azúcar para obtener un sirope. Añada la verbena y después retire la cazuela del fuego, tápela y déjela reposar durante 30 minutos. Lave y quíteles el rabito a las cerezas, deshuéselas y colóquelas sobre un paño para que se escurran bien. Pase la infusión de verbena a través de un filtro de café. Añada el zumo del limón verde, vierta esta preparación en una bandeja grande pero no muy profunda con tal

de obtener unos 2 cm de altura de infusión. Póngalo todo en el congelador. Déjelo ahí durante 1 hora y luego, con ayuda de un tenedor, desgrane la masa formando un granizado. Una vez todo el líquido frío está granulado, llene delicadamente 4 copas y consérvelas en frío.

Presentación:
Justo antes de servir, coja una sartén antiadhesiva, vierta 100 g de azúcar directamente por encima de las cerezas. Cocine a fuego vivo las cerezas y el azúcar. La operación tiene que ser muy rápida para evitar que las frutas desprendan demasiado líquido, justo el tiempo necesario para hacer que el

azúcar se funda y las cerezas se precuezan. Sírvalas enseguida en platos calientes acompañadas por el granizado.

SUFLÉ DE FRESAS SILVESTRES Y FRAMBUESAS

Para 4 personas:
3 bandejitas de 125 g de fresas silvestres
100 g de azúcar de sémola
3 claras de huevo
2 bandejitas de 125 g de frambuesas
Un poco de aceite neutro

Preparación:
Cueza las frambuesas y una bandejita de fresas silvestres en una sartén para saltear y añádales 50 g de azúcar. Cueza a fuego lento mientras remueve manualmente con la finalidad de obtener un *coulis* muy reducido, luego consérvelo en un lugar templado. Coja cuatro recipientes que se puedan meter en el horno de 10 cm de diámetro por 8 cm de altura y rocíelos ligeramente con el aceite más neutro, revístalos de azúcar de sémola y deles la vuelta para quitar el excedente de azúcar. Encienda el horno a termostato 8. Monte las 3 claras de huevo a punto de nieve. En el último momento añada los 50 g de azúcar restante para merengarlas bien; tienen que estar muy lisas, no demasiado montadas, y muy flojas. Mézclelas delicadamente con el *coulis* de frutos rojos, y luego rellene con ello 1/3 de cada recipiente. Añada algunas fresas silvestres enteras y realice 3 veces más la misma operación hasta llenar los recipientes completamente. Limpie bien los recipientes y métalos en el horno muy caliente durante 8-10 minutos. Mientras se hacen, los suflés tienen que subir 3 o 4 cm por encima del borde de los recipientes.

Presentación:
Servir rápidamente. Una vez hechos, puede espolvorear los suflés con azúcar glas.

GRATINADO DE PERAS WILLIAMS MERENGADAS

Para 4 personas:
4 peras *williams* muy maduras
2 claras de huevo
100 g de azúcar de sémola
50 g de polvo de almendras
50 g de almendras troceadas
Un poco de aceite de cacahuete

Preparación:
Encienda el horno a termostato 7. Coja una bandeja de gratinar para 4 personas, acéitela ligeramente y luego cúbrala de trocitos de almendra. Pele las peras, córtelas por la mitad, saque las pepitas y córtelas en rodajas de 3 cm de grosor. Coloque las rodajas de pera de manera que unas se monten sobre las otras. Espolvoréelas con azúcar de sémola y luego hágalas cocer en el horno a termostato 7 durante 20 minutos. Mientras tanto, monte las dos claras a punto de nieve, añada el azúcar restante para merengarlas y luego, en el último momento, vierta el polvo de almendras y mézclelo delicadamente con el merengue. Saque las peras del horno, deje que se enfríen. Encienda el grill a termostato 8. Vierta el merengue sobre las peras tibias. Alise la superficie de la bandeja y espolvoree por encima con almendras troceadas. Ponga a gratinar todo justo el tiempo necesario para que se coloreen el merengue y las almendras.

Presentación:
Sirva el gratinado templado.

CRUJIENTES DE FRUTOS SECOS CON *COULIS* DE MANGO

Para 4 personas:

100 g de azúcar
100 g de dátiles
Ron blanco
100 g de higos secos
100 g de ciruelas
30 g de albaricoques secos

2 mangos grandes y muy maduros
1 paquete de láminas de hojaldre
20 g de pistachos pelados
1 dl de aceite de pepitas de uva
3 ramas de menta

Preparación:

La víspera ponga las ciruelas en remojo. Pele los mangos, quíteles toda la pulpa por alrededor de los huesos y bata la pulpa añadiéndole 100 g de azúcar y una cucharada sopera de ron blanco. Pase este *coulis* por el tamiz y consérvelo en el frigorífico. Saque los huesos a las ciruelas y los dátiles. Corte todos los frutos secos en trocitos regulares. Trocee los pistachos. Mezcle todos los frutos secos en una fuente grande y añádales la mitad de los pistachos troceados y algunas gotas de ron. Tape la fuente con un plato y consérvela en frío. Encienda el horno a termostato 8. Haga 8 cuadrados de 25 cm de lado con las láminas de hojaldre y coloque sobre la mesa 4 cuadrados doblando las láminas. Eche aceite a las puntas y coloque en el centro de cada cuadrado 2 cucharadas soperas de la mezcla de frutos secos. Lleve todos los bordes de la pasta hacia el centro formando limosneras para encerrar los frutos secos. Embadurne las limosneras con aceite de pepitas de uva y luego póngalas a cocer en el horno durante 10 minutos. A media cocción, vuelva a aceitar las limosneras y espolvoréelas con los pistachos troceados restantes. Una vez cocidos, deje que se templen los crujientes antes de servirlos.

Presentación:

En platos fríos, coloque en el centro un crujiente y decórelo poniendo por alrededor un cordón de *coulis* de mango. Añada hojas de menta.

El vino

El vino es un dios del que no hay que restringir los favores.

Montaigne

Si bien el vino aporta alegría y a veces la verdad, no es especialmente reconocido por aportar salud. Sin embargo, admitimos, haciéndole justicia, que un vasito de vino de Burdeos aporta fuerzas a quien acaba de pasar por una intervención quirúrgica: el vino que contiene mucho hierro permite, en efecto, la regeneración de la hemoglobina de los glóbulos rojos. Pero cabe decir que los franceses, por ejemplo, que son los primeros consumidores de vino del mundo, frecuentemente padecen cirrosis.

Recientemente, sin embargo, ha llamado la atención un posible efecto protector del vino en las enfermedades cardiovasculares. Parece ser que aquellos que consumen *regularmente* alcohol en pequeñas cantidades pueden verse menos afectados que los que no lo consumen.

El siguiente gráfico expresa el riesgo de mortalidad cardiovascular en función del consumo de vino por cada 1.000 habitantes de sexo masculino en varios países desarrollados. Se ve claramente que los países en los cuales los habitantes consumen más vino son aquellos donde la incidencia de ateroma es más baja.

La explicación del fenómeno no está clara, pero es posible que aumentando el colesterol HDL sanguíneo se produzca la protección.

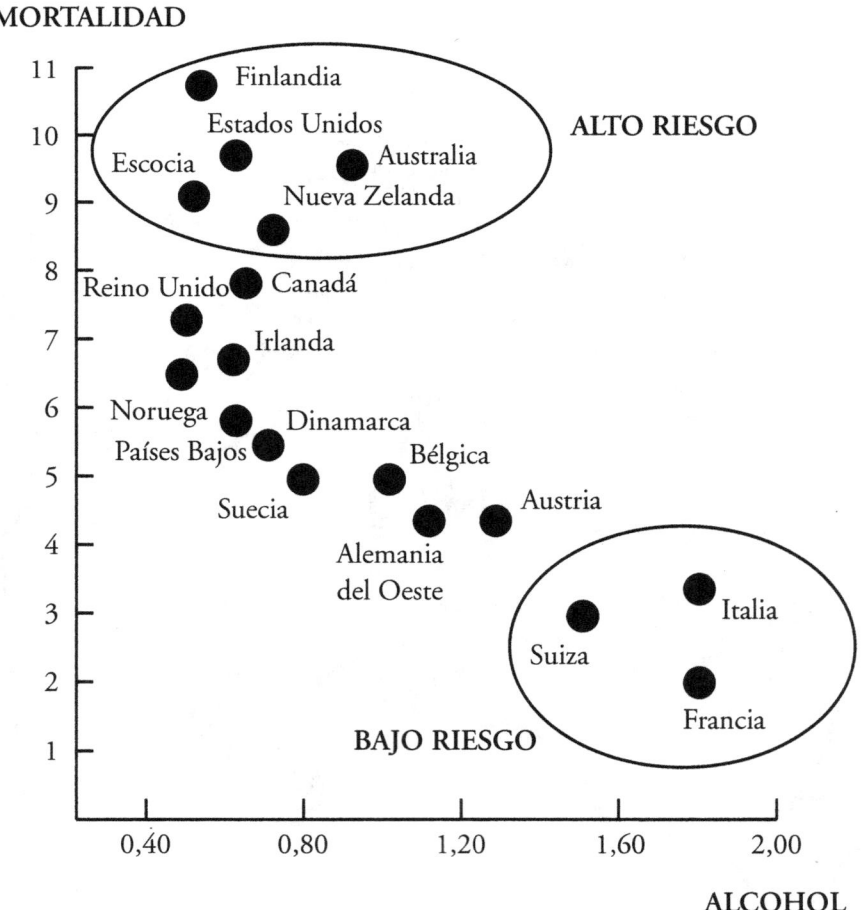

Podemos reconocer que se trata de una buena noticia; ¡parece ser que el consumo de vino es recomendable! Pero, por supuesto, como pasa con todo, hay que ser razonable y no precipitarse hacia la cirrosis de hígado bajo pretexto de salvar las arterias.

¿Qué contiene el vino?

Está compuesto por unos sesenta constituyentes, cuya mezcla sutil determina el sabor, apreciado por el catador de vinos con una retahíla de adjetivos, entre los cuales los más evocadores son: carnoso, robusto, estructurado, redondo, con cuerpo, elegante, dulce, severo, con encanto...

El vino, ese ser vivo, no es sólo alcohol diluido en agua, aunque el agua sea el principal constituyente (80-90%). Por lo que respecta a la cantidad de alcohol, está precisada por la graduación del vino. Pero el vino contiene también:

— taninos y pigmentos;
— ésteres y aldehidos;
— glicerina;
— azúcares (glucosa y fructosa);
— ácidos (málico, cítrico, tartárico y fosfórico);
— iones y oligoelementos, especialmente con hierro, magnesio, flúor, calcio, yodo y silicio (el vino es rico en potasio y pobre en sodio);
— vitaminas (todas las vitaminas del complejo B y la vitamina P);

¿El vino tinto es mejor para la salud?

Ningún estudio serio puede afirmar eso. Incluso es posible que únicamente el alcohol pueda ser retenido como protector, si es consumido en dosis pequeñas y regularmente. Recordemos, para simplificar, que los vinos blancos, contrariamente a los tintos, tienen generalmente una fermentación incompleta, estabilizada por el gas sulfuroso. Se acusa a este gas sulfuroso de provocar dolores de cabeza en las personas sensibles. El vino blanco parece ser que es, también, más diurético: «¡Quien se bebe uno luego mea cuatro!». Pero los bebedores de vino blanco del sur de Italia parecen como mínimo igual de protegidos contra las enfermedades arteriales que los amantes del vino tinto. Podemos añadir que los vinos ricos en taninos tienen efectos astringentes y que todos los vinos son susceptibles de dilatar las arterias periféricas (efecto vasodilatador que se traduce en la nariz roja de los aficionados al vino).

Hay que tener en cuenta:

— *que el alcohol es muy calórico y que 1/4 de litro aporta alrededor de 175 calorías;*
— *que un consumo desmedido (cogorza del sábado por la noche) puede provocar problemas de ritmo cardiaco, que pueden llevar a una parálisis;*
— *que un gran consumo crónico puede provocar un decaimiento del músculo cardiaco: miocardiopatía alcohólica.*

Así que un poco de vino sí, ¡pero con prudencia!

El café

El café apareció en España de manos de los Borbones y de comerciantes italianos aproximadamente a mediados del siglo XVIII. Considerado al inicio como una bebida exótica, ha llegado a ser nuestro compañero cotidiano, encargado de anular el cansancio, ayudar a digerir las comidas copiosas y aguzar nuestra inteligencia. Hay que decir claramente que el café contiene una sustancia, la cafeína, que es a la vez un excitante cerebral, un tónico cardiaco y un estimulante respiratorio.

Hay dos tipos de café:

— el arábigo, originario de América, pobre en cafeína (1-1,5 % de cafeína);
— el robusta, originario de África, que es rico en cafeína (2-3 %).

Una taza de café de 100 ml contiene 120 mg de cafeína. Si la dosis en 24 horas supera los 1,5 g, puede haber problemas de sueño, de comportamiento y pueden aparecer temblores. A largo plazo, incluso se ha pensado que el café favorece la aparición del temible cáncer de páncreas.

Parece ser que beber una taza de café por las mañanas y una taza después de comer no tiene consecuencias. Sin embargo, hay que evitarlo cuando se es cardiaco y, en todos los casos, no consumirlo en grandes cantidades.

El desayuno: ¿americano o continental?

Los anglosajones piensan, y con razón, que la comida de las mañanas tiene que ser abundante, puesto que se desayuna justo después de nuestro periodo más largo de ayuno: el del sueño. Pero los anglosajones son como el resto, cuando se despiertan tienen prisa. Preparan rápidamente una comida compuesta por huevos, cereales, salchichas, bacón y productos lácteos. Y ahí empieza la catástrofe, cuya caricatura es sin lugar a dudas *el breakfast americano*: se pueden tragar muchos gramos de colesterol de esta manera, lo que representa una verdadera prueba de resistencia para un organismo en ayunas. Algunos científicos piensan seriamente que esta alimentación es, al menos en parte, responsable de la fuerte incidencia de enfermedades cardiovasculares en Estados Unidos.

El desayuno continental es mucho más habitual: café con leche, tostadas con mantequilla y/o mermelada. Demasiado ligero, es responsable del vacío en el estómago de las 11, que combatimos con demasiada frecuencia con pastelitos o dulces, que tienen, como hemos visto, un papel nefasto en

nuestra salud. Lo ideal sería conservar nuestras costumbres, pero modificándolas un poco:

- *aportar algunas vitaminas comiendo alguna fruta o bebiendo un zumo;*
- *aportar algunas calorías complementarias y algunas fibras comiendo cereales «a la americana»;*
- *evitar la leche entera y tomarla preferentemente semidesnatada;*
- *utilizar las margarinas para untar las tostadas;*
- *preferir el pan integral que el pan blanco.*

Las comidas de negocios

Todo el mundo conoce la trampa de las comidas de negocios: el que paga, que tiene que halagar a su invitado y hacer que se sienta cómodo, pide las comidas más ricas y más caras de la carta, y el invitado tiene que mostrarse encantado y apreciar la comida.

Los sondeos están claros. La comida es en España, como en otros países, un medio social reconocido para probar la amistad y la estima, y hay quien se podría sentir ofendido si la cantidad y la calidad de comida no fueran suficientes.

Por suerte, en la actualidad la tendencia se invierte y los jefes de empresa, preocupados por su línea y su índice de colesterol, así como por el importe de sus gastos generales, tienen tendencia a proponer comidas más ligeras, en las que *chefs* inventivos ponen su talento al servicio del sabor de las comidas, y de esta manera mantienen la eficacia de las horas de trabajo posteriores a la comida.

¿Pero, qué le vamos a hacer, si se nos tiende la trampa de una comida como las que hemos mencionado, tan amistosa como lipídica, y tan vital para nuestra empresa como deletérea para nuestros vasos sanguíneos?

Normas sencillas

La idea de tomar una buena comida no es suficiente para saciar el apetito. En estado hipoglucémico y casi comatoso en el momento del *sagrado* aperitivo o en el momento de elegir los platos de la carta, se ve tentado a precipitarse sobre esos dos demonios tentadores que pueden haber al inicio de una comida: *¡los frutos secos salados* (avellanas, anacardos) *y la tostada con mantequilla*! Hay que resistirse... No es fácil, porque un pan crujiente untado con una buena mantequilla es un regalo de los dioses. Pero la carga en lípidos que representa una costumbre como esta es considerable. Puede hacer aumentar notablemente su índice de colesterol, hacerle engordar sobremanera y algo peor quizá, ¡quitarle el apetito!

Este es también el momento en el que a algunas personas les gusta tomarse un *whisky seco* a modo de aperitivo, ¡bajo el engañoso pretexto de que esta bebida es buena para las arterias! Se trata de esas ideas que corren de boca en boca y que cuestan de desmentir, pero el whisky no tiene más efectos protectores que cualquier otra bebida alcohólica, en cambio *aporta en ayunas una carga alcohólica y calórica considerable*. Seamos lúcidos y bebamos *scotch*, si nos gusta, ¡pero no con la buena conciencia de que nos estamos tomando de esta manera nuestra medicación!

¡Cuidado con las ensaladas de los restaurantes! Si bien la ensalada de verduras aliñada con aceite de girasol o de oliva es aconsejable, la ensalada de la comida de negocios suele ser más rica: una ensaladita con foie gras, una ensalada con mollejas de ternera, etc. Miremos bien la composición de las ensaladas antes de pedirlas, y no nos dejemos convencer por una coartada demasiado fácil.

No hay nada más fácil de preparar que una parrillada, y siempre se puede optar por el solomillo de vaca asado, mientras no sea un Rossini o esté bañado en salsa de manteca. No obstante, *no nos olvidemos de los pescados*, que se preparan menos fácilmente en casa, pero que son siempre menos grasos que las carnes y el verdadero sabor de los cuales se puede recuperar cuando les quitamos las salsas con mantequilla.

¡Resistámonos a los quesos y a los dulces! Siempre podemos degustar un poco de vino hablando de cosas importantes, que normalmente se concluyen al final de la comida. Y como postre, la fruta, los sorbetes o un poco de chocolate negro pueden ser exquisitos.

Conclusión: ¡ánimo!

El objetivo de este libro no era asustar y aún menos culpabilizar a aquellos para quienes, como para la mayoría de nosotros, la comida es un placer. El ateroma no es solamente una fatalidad, sino que se ve claramente favorecido por factores de riesgo entre los cuales las grasas tienen un lugar preponderante. Aunque la enfermedad cardiovascular sea una dolencia de nuestra sociedad, tenemos los medios para evitar las trampas principales y su tentación. Si nos ponemos a valorar, sin lugar a dudas es preferible vivir en nuestro país que no en otros en peores situaciones...

La cocina de sus arterias no es un régimen apremiante; es mejor entender las razones y comprender los grandes principios que ponerse a hacer las cuentas del Gran Capitán. En resumen, no hay que comer cualquier cosa, en cualquier lugar y en cualquier momento... ¡Esto ya nos lo podíamos imaginar! Con algunos conocimientos y un poco de imaginación, nuestras comidas, desembarazadas de elementos superfluos, podrán conservar lo esencial: el arte y el sabor.

«Doctor —dice el paciente—, no fumo, sólo como verduras hervidas, me obligo a correr dos veces al día, nunca bebo alcohol... y por supuesto, ¡no voy con mujeres! ¿Viviré más tiempo?»

«Amigo —responde el médico—, no sé si usted vivirá más tiempo, pero lo que está claro es que la vida le va a parecer más larga...»

Anexo 1: tabla de contenido en grasas y en colesterol de los alimentos

Alimento (100 g)	Grasas (g)	Colesterol (mg)	Calorías
Manteca y leche			
Yema de huevo	32	1.700-2.000	360
Clara de huevo	0,3	0	50
Mantequilla	80	240	754
Mantequilla aligerada	40	120	380
Leche entera	3,8	12	67
Leche semidesnatada	1,5	6	48
Yogur 10%	10	37	124
Yogur 3,5%	3,5	13	65
Yogur 0,1%	0,1	1	35
Doble crema	42	122	416
Nata líquida	36	105	357
Nata al 40%	40	117	392
Nata batida	33	96	349
Requesón al 40%	10,3	31	153
Requesón magro	0,2	1	72
Queso azul al 70%	45	104	482
Queso Brie al 45%	21,8	51	293
Queso Brie al 70%	40	112	431
Camembert al 45%	21,8	51	293
Cantal	30	70	407
Emmental	30	70	407
Holandés	25-30	59-69	343-380
Livarot 60%	34,7	81	399
Mozzarella	19,8	46	269
Parmesano	26	61	403
Raclette	28	65	361

Alimento (100 g)	Grasas (g)	Colesterol (mg)	Calorías
Materias grasas			
Mantequilla	80	240	754
Mantequilla aligerada	40	120	380
Aceite vegetal	100	0	1.000
Margarina	80	0	720
Margarina aligerada	40	0	368
Manteca de cerdo	100	86	900
Panes-pastas			
Biscottes integrales	8	60	428
Biscottes sin huevo	4	0	364
Pan blanco	1,8	0	416
Pan de centeno	1,4	0	222
Pan integral	1,5	0	208
Pastas con huevo	2,8	94	347
Pastas sin huevo	1,2	0	343
Repostería			
Brioche	6,6	26	250
Bizcocho genovesa	1,7	72	222
Pan de especias	8,7	36	372
Tarta pasta quebrada	11,3	33	252
Milhojas	30	71	422
Galleta con mantequilla	14,6	46	433
Merengue	0	0	415
Bizcocho a la cuchara	5	248	407
Carnes			
Cerebro de ternera	9,6	2.100	130
Costilla de cerdo	13	105	193
Costilla de ternera	16	100	223
Costillas y pierna de cordero	32	78	234
Pavo	2	60	212
Hígado de ternera	3,1	500	114

Jamón de York	13	85	193
Jamón serrano	35	100	383
Conejo	6	50	152
Paté de foie	34,8	420	388
Pechuga de pollo	0,9	60	99
Muslo de pollo	3,1	74	114
Molleja de ternera	3,4	280	99
Riñón de buey	5,1	410	116
Bistec de caballo	2,7	78	107
Bistec de buey	4,4	125	116
Pescados y crustáceos			
Lucio	0,3	36	102
Bacalao fresco	0,4	50	73
Rape	0,7	44	155
Sardinas	2,8	82	127
Salmón	13,8	35	202
Atún	7,2	80	182
Trucha	2,7	55	102
Gambas	1,4	160	65
Bogavante	1,9	152	81
Ostras	1,2	135	70
Mejillones	1,3	130	50
Caviar	15,5	300	244

Anexo 2: mecanismo de oclusión de una arteria coronaria

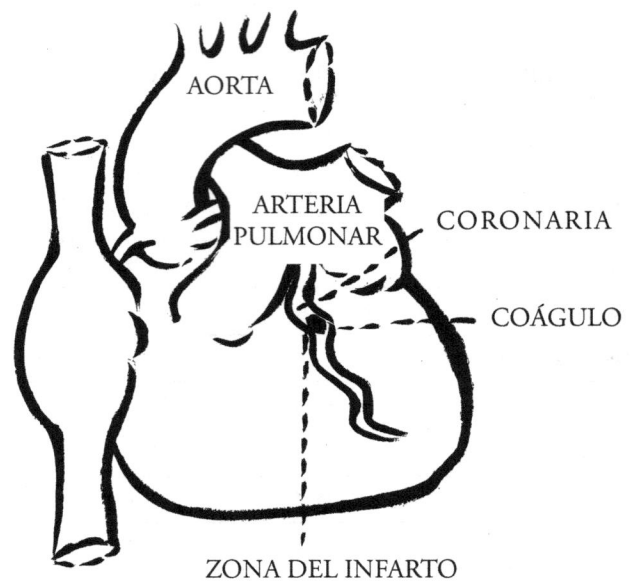

Anexo 3: la vida de la arteria normal

¿Cómo vive una arteria normal?

Nuestras arterias se componen de tres capas concéntricas:

— la capa más interna o *íntima* está en relación directa con la sangre por medio de una capa continua de células, el *endotelio*, cuya función biológica es importante porque son responsables de la secreción de hormonas, que tendrán una función en la coagulación de la sangre y el desarrollo del ateroma;
— la capa intermedia o *media* contiene células musculares lisas responsables de la movilidad de la arteria (contracción o dilatación) y de las fibras elásticas que permiten los latidos;
— la capa más externa o *adventicia* es un envoltorio a la vez fino y resistente, que permite, gracias a múltiples vasos sanguíneos, la vascularización de la arteria.

¿Por qué la sangre no coagula en una arteria normal?

La sangre, nuestra sangre, se coagula en todas partes: en un tubo de cristal, en cualquier superficie no viva en cualquier tejido vivo, excepto... ¡en las arterias y las venas! Si esto sucediera, es evidente que la vida sería imposible. Sin embargo, es el gran mérito de dos científicos ingleses (Vane y Moncada) haber descubierto la sustancia que se opone a esta coagulación de la sangre; la llamaron *prostaciclina*, porque se trata de una molécula de la gran familia de las prostaglandinas. Es sintetizada en el *endotelio* de los vasos sanguíneos y se opone a la adhesión de pequeñas plaquetas de sangre sobre la pared, y por tanto a la coagulación (este tiempo de adhesión plaquetaria es, en efecto, la primera etapa de la formación de un coágulo). La fabricación y la acción de la prostaciclina se ven influenciadas por ciertos fármacos y por nuestra dieta alimenticia. Así, los individuos que siguen una dieta que contiene mucho aceite de pescado parece ser que tienen menos riesgo de trombosis (coágulo) que el resto.

Anexo 4: la progresión de la aterosclerosis

La evolución de la enfermedad consiste en lesiones en crecimiento progresivo.

Las estrías grasosas

Estas primeras lesiones se presentan como blandas y amarillentas o como placas que apenas sobresalen de la pared interna de la arteria cuando se abre. Están compuestas por células abarrotadas de grasas (lípidos, del griego *lipos*, que significa grasa). Pero es importante subrayar que la superficie de la arteria permanece lisa, no ulcerada, y que la íntima sigue siendo funcional, oponiéndose a los depósitos de células de la sangre. En esta etapa, con una dieta adecuada, es posible hacer desaparecer estas lesiones.

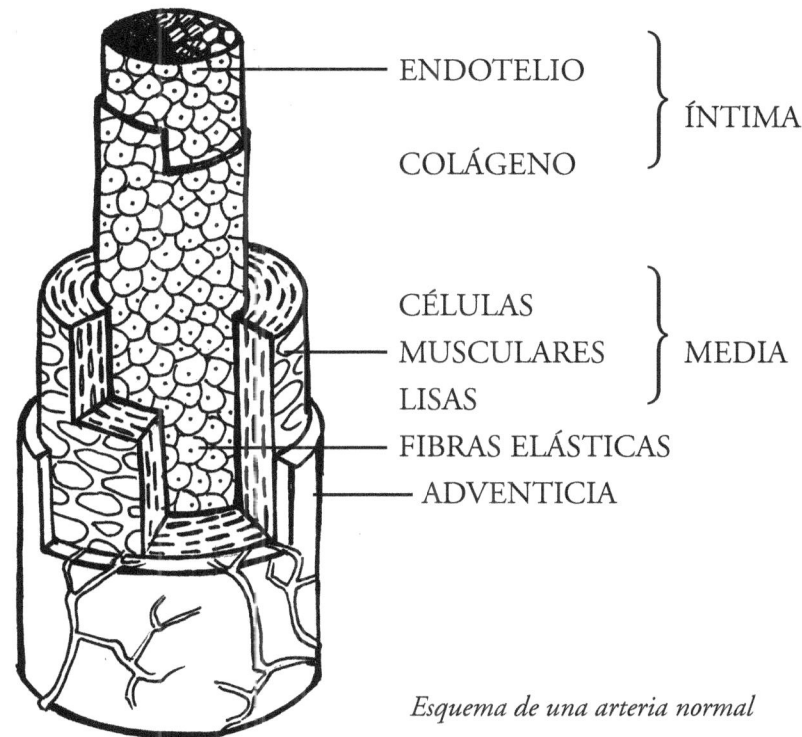

Esquema de una arteria normal

No hay nada definitivo, todo es posible y los jóvenes soldados de Corea, si hubieran cambiado de modo de vida y de alimentación una vez de vuelta a la vida civil, hubieran podido volver a tener arterias perfectamente normales.

La placa de ateroma

Ahora las cosas son más graves: la magnitud del depósito de grasa es mayor, obstruye en mayor o menor medida el interior de la arteria. La superficie de la arteria a menudo se ulcera (aparece un boquete, como si fuera un cráter) y en esta ulceración se depositan células de la sangre (plaquetas y glóbulos) que forman un coágulo. Este coágulo se desarrolla, agravando el estrechamiento. A veces también puede despegarse de la pared y, flotando en el flujo sanguíneo, ir a parar a una arteria de pequeño calibre que se encuentre mucho más lejos, taponarla y provocar una embolia.

La evolución de estas placas es muy lenta, se produce en varios años, incluso en decenas de años, y se soportan perfectamente durante mucho tiempo. Sin embargo, cuanto más se encogen las arterias, más difícil se hace el paso de la sangre; los músculos u órganos que dependen de esta arteria son, entonces, peor vascularizados, y esto puede provocar dolores cuando se hacen esfuerzos y después incluso en reposo (véase el párrafo sobre la angina de pecho en la página 18). Llega finalmente el día, casi ineludible, de las complicaciones mayores.

La trombosis

La trombosis es *la formación de un coágulo de sangre.* La arteria se ha estrechado tanto que se forma un coágulo que la obstruye completamente, lo que priva totalmente que los órganos se vascularicen.

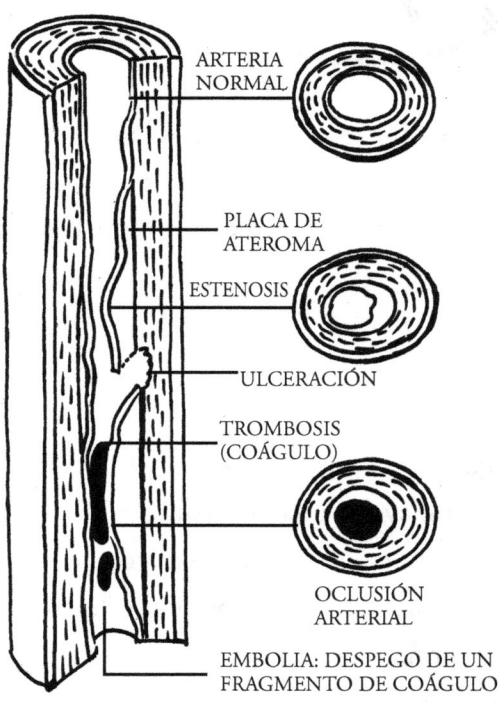

Representación esquemática de la evolución de una arteria hacia lesiones cada vez más graves de ateroma (de arriba abajo)

Es el mecanismo del infarto de miocardio: la parte del corazón que depende de esta arteria primero se asfixia, no puede latir más, y luego en el tejido miocárdico se produce una necrosis y es reemplazada en algunas semanas por una cicatriz inerte. Si la cicatriz no es demasiado grande, la supervivencia es posible, y el resto del corazón, aún bien vascularizado, garantiza la sustitución; en cambio, una cicatriz demasiado extensa provoca una disfunción grave que puede llevar más o menos rápidamente a la muerte.

Anexo 5: el circuito del colesterol en el organismo

El colesterol que consumimos y los ácidos grasos son transportados al hígado que, por su parte, es capaz de asimilarlos.

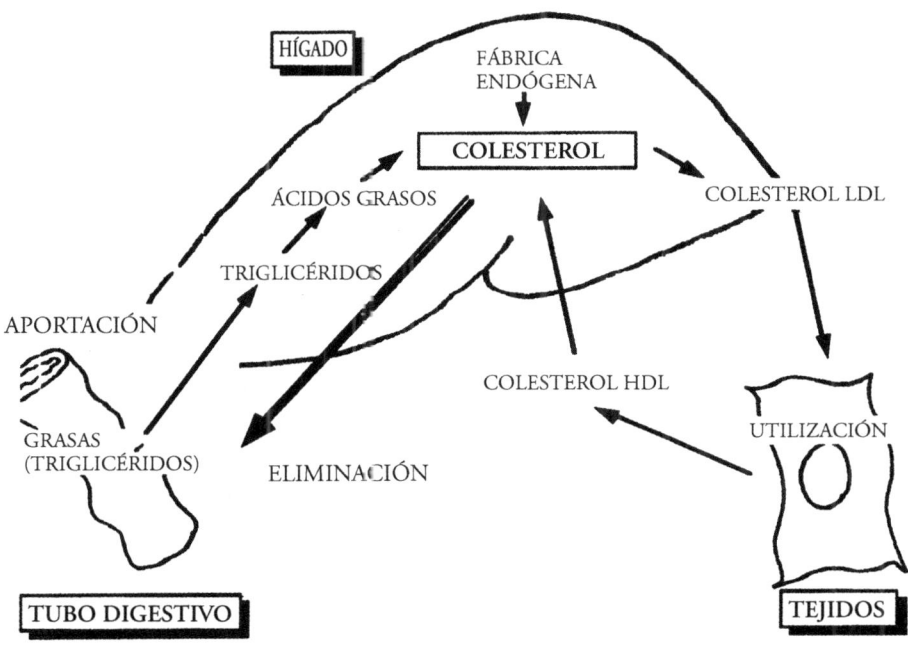

Anexo 6: el tratamiento médico y quirúrgico de la aterosclerosis

Cabe decir antes que nada que las reglas que acabamos de enumerar como tratamiento preventivo se indican *sistemáticamente* ante una manifestación clínica de la enfermedad. También está claro que aquí no podemos entrar a detallar los tratamientos e indicaciones médicas, que además pueden ser muy complejos cuando hay varias arterias afectadas.

El tratamiento médico

Fármacos que actúan sobre los componentes de la sangre. Intentan impedir la coagulación, y por lo tanto la formación de coágulos en arterias que se hayan encogido.

Los más utilizados son *los antiagregantes plaquetarios*, y el más conocido de todos es indiscutiblemente la aspirina, aunque no sea quizás el más eficaz. Estos medicamentos evitan la primera etapa de la trombosis, impidiendo la aglutinación de las plaquetas sanguíneas. Se cree también que es probable que ralenticen la evolución de las placas de ateroma, porque la interacción de las plaquetas con la pared arterial parece tener una función importante en el desarrollo de la enfermedad. Por estos motivos, la prescripción de este tipo de medicamentos es casi sistemática en los afectados de aterosclerosis. Incluso se ha propuesto, con éxito, administrar aspirina de manera preventiva para evitar las manifestaciones de la enfermedad en una población aparentemente sana.

Según un estudio de médicos americanos sobre un total de 22.000 médicos, entre algunos hombres de 40 años en adelante que aceptaron sin saberlo tomar o bien aspirina o bien un placebo, *en 5 años el riesgo de infarto de miocardio se vio reducido a la mitad en el grupo que había tomado aspirina.*

Los anticoagulantes se suelen prescribir en las formas graves y agudas cuando una arteria acaba de obstruirse. El más utilizado es en ese caso *la heparina*, que se administra por vía intravenosa o subcutánea. En casos más raros, los anticoagulantes se prescriben a largo plazo en forma de comprimidos, se trata de *las antivitaminas K*, grupo de medicamentos que se oponen a las síntesis normal por parte del hígado de las sustancias de la coagulación. Este tratamiento requiere un control regular.

Los medicamentos vasoactivos. Llamamos así a los medicamentos capaces de dilatar las arterias y mejorar de esta manera la perfusión del órgano cuyos vasos sanguíneos se obstruyen. A veces tienen un efecto espectacular sobre una zona en concreto: así, por ejemplo, encontramos *la trinitrina*, que colocamos bajo la lengua o que se puede vaporizar y que provoca casi instantáneamente la dilatación de las coronarias y el alivio del enfermo con crisis de angina de pecho. Otras especialidades médicas tienen un efecto más lento y actúan sobre las arterias del corazón o sobre las arterias periféricas. El arte del médico en este caso es, evidentemente, encontrar el fármaco más eficaz con la menor dosis posible para un paciente determinado (ya que no todo el mundo reacciona de la misma manera).

Los medicamentos hipocolesterolemiantes. Cuando el tratamiento de la hipercolesterolemia mediante una dieta alimenticia adaptada fracasa, hay que resignarse al tratamiento médico. Estos medicamentos son globalmente muy activos, pero pueden tener efectos secundarios (¡como todos los medicamentos!) y entonces son mal soportados. Distinguimos tres grandes familias: *las resinas, los fibratos y los inhibidores de la HMG-CoA reductasa*, que son los recién nacidos de esta farmacopea, y que inhiben realmente la síntesis del colesterol en el organismo. Es muy raro que el índice de colesterol sanguíneo se resista a estos fármacos y a la dieta.

Pero en ciertos casos de hipercolesterolemia familiar, es necesario recurrir a medios mucho más sofisticados, como plasmaféresis, donde se obtiene el colesterol de la sangre gracias a una máquina que podríamos comparar a un riñón artificial.

Los fármacos para la hipertensión. El tratamiento de la hipertensión arterial ha progresado espectacularmente en los últimos 20 años. El control preventivo de los hipertensos ciertamente ha contribuido mucho a la disminución de las complicaciones graves del ateroma. Los medicamentos utilizados son múltiples y su prescripción depende de la edad, del tipo de hipertensión arterial y de la repercusión cardiaca asociada. Simplificando voluntariamente las cosas, podríamos distinguir:

— los fármacos que actúan sobre el contenido, es decir que disminuyen la masa sanguínea, como *los diuréticos*;

— los compuestos que actúan sobre las arterias dilatándolas, como *los inhibidores del calcio y los bloqueadores beta*;
— *los fármacos centrales*, que actúan sobre el componente nervioso de la hipertensión;
— *los inhibidores de los efectos de la renina*, la hormona hipertensiva segregada por el riñón.

Estos fármacos se pueden asociar hasta encontrar el ajuste más eficaz, que variará de un paciente a otro. Tanto con esta como con otras enfermedades, se desaconseja la automedicación...

Los fármacos de la diabetes. Enfermedad grave y compleja, la diabetes es debida a la insuficiencia de producción de insulina por parte del páncreas. Su tratamiento consiste o bien en *insulina* misma, que se debe administrar por vía subcutánea, o bien en *sulfamidas hipoglucemiantes* en forma de comprimidos. El control de la glucemia (concentración de azúcar en la sangre) es indispensable. Recientemente, han surgido esperanzas con la posibilidad de realizar trasplantes de células pancreáticas que evitan el inconveniente de las inyecciones diarias a los enfermos dependientes de insulina.

El tratamiento quirúrgico

La cirugía de las arterias siempre ha estado rodeada de un halo de milagro y de mito. Desde hace 50 años, permite paliar con eficacia las consecuencias graves de la aterosclerosis. Está claro que sólo se dirige al enfermo que sufre o al que está amenazado en breve por una complicación grave. Como todo acto médico, comporta riesgos que los progresos actuales de las investigaciones y de la anestesia-reanimación intentan reducir al mínimo (en el momento actual, entre el 1 y el 5 % según la zona y la gravedad de la lesión).

La endarterectomía. Consiste en quitar la parte de la arteria responsable del encogimiento, es decir, las capas más internas. Es lo que los enfermos suelen llamar un «deshollinamiento» de la arteria. La ventaja es que repara, en cierto modo, la arteria nativa. Se realiza sobre todo cuando hay lesiones limitadas en longitud, y en ciertas arterias, como las carótidas.

El puente. Es una de las técnicas más utilizadas. Como su nombre indica, consiste en construir un puente por encima de la zona enferma para llevar la sangre después desde una zona sana hasta otra zona también sana. La arteria enferma se deja aparte y continúa evolucionando hasta llegar a su triste sino, sin ninguna consecuencia para el paciente. Se utilizan numerosos materiales para hacer estos puentes. En algunas ocasiones se utiliza un conducto existente en el organismo, que puede cambiar sin problemas su función inicial: la vena safena de la pierna o la arteria mamaria interna, por ejemplo, suelen ser utilizadas para los puentes coronarios. En otros casos se utilizan conductos sintéticos de materiales plásticos (dacron o teflón), porque el tamaño de la arteria que se debe intervenir es bastante grande. En los dos casos, cabe señalar que no se debe temer ninguna reacción de rechazo, aunque la palabra injerto se emplee a menudo en estos casos; y no la habrá porque un tejido sintético es totalmente inerte y un puente proveniente de nuestro propio cuerpo no puede provocar ninguna reacción inmunológica.

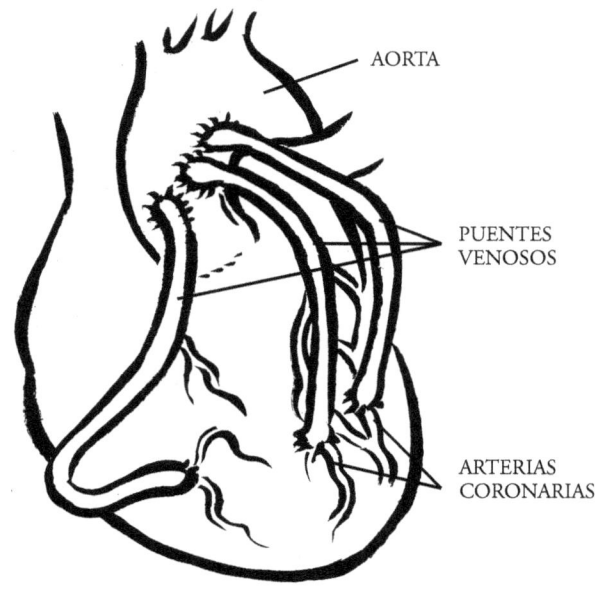

La angioplastia. Consiste en dilatar la arteria con ayuda de un pequeño balón que se va hinchando una vez se ha colocado a la altura de la zona afectada. La principal ventaja de esta técnica es que no impone abordar directa y quirúrgicamente la arteria patológica mediante una incisión: esta se efectúa por vía interna, es decir, intraluminal. De esta manera se puede hacer una incisión en una arteria fácilmente accesible (generalmente la de la ingle) y subir por el interior de esta arteria hasta la zona estrechada (¡incluso en las pequeñas arterias del corazón!). Lamentablemente, no todas las lesiones pueden ser curadas de esta manera, sólo las lesiones relativamente limitadas pueden beneficiarse de este método. Otra limitación es que hay posibilidad de reincidencia en un plazo breve. En algunos casos, se puede limitar esta reincidencia colocando, después de la dilatación, *una endoprótesis*, que evita que la arteria se encoja en esa zona.

El láser. Es la nueva esperanza para destaponar las arterias. Su «rayo de la muerte» se convierte de esta manera en rayo de vida, agujereando el ateroma que ocluye los vasos sanguíneos. Seamos claros: ¡aún quedan muchos problemas por resolver! Así por ejemplo, aunque el láser lanza su rayo directo, la arteria podría ser sinuosa; en ese caso correríamos el riesgo de perforar el vaso sanguíneo, ¡y esto puede tener consecuencias nefastas! Por otra parte, los láseres actuales sólo tienen haces de 1 mm de diámetro, mientras que las arterias tienen un calibre mucho mayor. En resumen, por el momento, el láser sólo se utiliza en contadas ocasiones; sirve principalmente para colocar los balones de angioplastia, ya que permite completar de esta manera el gesto efectuado por una dilatación.

Pero ¡la imaginación al poder!: hay numerosos procedimientos que van surgiendo y que permiten agujerear, raspar, pulir y fresar las paredes de nuestras arterias sin requerir, sin embargo, una operación en el sentido clásico del término. El cirujano moderno a menudo ya no tiene bisturí, tiene el ojo fijado en pantallas de televisión y sigue directamente, con un angioscopio (aparato que mira directamente en la arteria), mediante ultrasonidos o rayos X, la progresión de estos nuevos instrumentos en el cuerpo y los resultados que ofrecen...

Anexo 7: tabla de la relación ideal peso-altura

Hombres		Mujeres
Peso (kg)	Altura (cm)	Peso (kg)
	148	49
	150	50
	152	51
	154	52
58	156	53
59	158	54
60,5	160	55,5
61,5	162	56,5
62,5	164	58
63,5	166	60
65	168	61,5
66,5	170	63
68,5	172	64,5
70	174	66
71	176	67
73	178	69
74,5	180	70
76	182	71,5
78	184	73
80	186	
82	188	
83,5	190	
85	192	
87	194	

Perlemuter (tablas habituales)

Bibliografía

Apfelbaum M., Perlemuter L., Nillus P., Forrat C., Bergon M., *Dictionnaire pratique de la diététique et de la nutrition*, Ed. Masson, 1981.

Bonner G. y Rahn K., *Prostacycline et Hypertension*, Ed. Springer Verlag, 1989.

Cholestérol et Prévention primaire, Ed. Unaformec, 1990.

Deloche A., Gorny P., *Au cœur de vos artères*, Ed. Denoël, 1985.

Gennes J. L., Dairou F., Gardette J., Luc G., Truffert J., Turpin G., *Les Hyperlipidémies*, Doc. Méd. Oberval, 1986.

Guide Cholestérol, Ed. Edieuropa, 1990. *Guide de l'Alimentation du cardiaque*, Edicardio, 1985

Héraud, G., Maillard C., Billaux M., *Diététique du patricien*, Expansion Scientifique Française, 1991.

Jacotot B., *La Maladie athéromateuse*, Ed. Pil, 1991.

Kowalski R., *The 8-Week Cholesterol Cure*, Ed. Carper & Row (NY) 1987.

Mohtadji-Lamballais C., *Les Aliments*, Ed. Maloine, 1989.

Netzer C., *The Cholesterol Content of Food*, Ed. Dell Publishing (NY), 1988.

Pacaud B., *L'Ambroisie place des Vosges à Paris*, Ed. Laffont, 1989.

Piscatella J., *Don't Eat Your Heart Out*, Ed. Workman Pub (NY), 1987.

Rimme y Coll, «Consommation d'alcool et Risque coronarien», *The Lancet*, 1991, 338, 464-468.

Shimamoto T., Numano F., Addison G., *Atherogenesis*, Excerpta Médica, 1972.

Tchobroutsky G. y Guy-Grand B., *Nutrition et Métabolisme*, Ed. Flammarion, 1979.

Toussaint-Samat M., *Histoire naturelle et morale de la nourriture*, Ed. Bordas, 1987.

Índice de recetas

Los aceites aromatizados

Aceite especiado 84
Aceite a las hierbas frescas 84
Aceite aromatizado a la trufa 84
Aceite aromatizado a las especias 85
Aceite aromatizado a la provenzal 85
Aceite aromatizado a la corteza de cítricos 85

Las bases de las salsas

El jugo de carne 106
El *fumet* o caldo de pescado 107
Los *coulis* o caldos de hortalizas y verduras . . . 107
    Coulis de tomates crudos 107
    Coulis de tomates cocidos 108
    Coulis de hierbas 108
    Coulis de pimientos 108
    Coulis de hortalizas o verduras: zanahorias, apio, remolacha
      o puerros 109
Las vinagretas 109
    Salsa vinagreta al estilo de Niza 109
    Salsa vinagreta ácida 110
Las emulsiones 110
    Emulsiones de aceites 110
    Emulsiones de aceite aromatizado 111
    Salsa emulsionada con ostras 111
    Salsa emulsionada con azafrán 112
    Salsa emulsionada con acedera 112
    Salsa emulsionada con jugo de carne 112
    Salsa emulsionada con vino 113

Otras ideas para salsas 113
    Salsa virgen 113
    Salsa caliente con ostras. 113
    Caldo de hortalizas y verduras 114

LOS ENTREMESES Y LOS ENTRANTES
Melón al anís con menta 118
Estofado de verduras al cilantro 119
Fondos de alcachofa de Grenoble. 120
Vichyssoise de ostras 121
Potaje frío: gazpacho 123
Sopa de tomates a la albahaca 124
Crema de puerros con vieiras 125
Pastilla marroquina de atún con albaricoques secos 127

LOS PESCADOS, EL MARISCO Y LOS CRUSTÁCEOS
Rodaballo asado con alcachofas 131
Filetes de salmonete con zanahorias y comino 132
Suprema de barbada en *parisienne* de hortalizas 134
Loncha de atún crudo al caviar de berenjenas 135
Crujiente de salmón con espárragos verdes 136
Marinada de mejillones con hinojo. 137
Rodaballo asado con condimentos 138
Papillotes de vieiras con guisantes tirabeques. 139

LAS CARNES
Fricasé de gazapo con vinagre de jerez. 145
Filetes de ternera con limón verde 146
Pintada de Bresse a la sal 147
Pollo en empanada 148
Risotto de conejo con setas. 150
Piccata de ternera con fideos crujientes 151

Jarrete de ternera con zanahorias y ciruelas pasas 153
Puchero de pollo de Bresse 154

Los postres

Pannequets con requesón, *coulis* de albaricoques 159
Sopa de melocotones blancos a la menta 160
Strudels de manzana con nueces 160
Sopa de frutos rojos al vino 161
Ensalada de naranjas y de pomelos con gelatina 162
Crema de mangos con fresas silvestres. 163
Islas flotantes con *coulis* de albaricoques 164
Compota de manzanas reinetas y de ciruelas de Agen 165
Chubasco de cerezas negras, granizado de verbena 166
Suflé de fresas silvestres y frambuesas 168
Gratinado de peras *williams* merengadas 169
Crujientes de frutos secos con *coulis* de mango. 170

www.ingramcontent.com/pod-product-compliance
Lightning Source LLC
Chambersburg PA
CBHW081827170426
43202CB00019B/2971